CONTENIDO

La enseñanza para la comprensión. 5
De una dirección burocrática a un liderazgo educativo 12
Hacia una dirección educativa. 32
La evolución del líder en la empresa inteligente .... ¡Error! Marcador no definido.
Hacia el liderazgo de la nueva organización ¡Error! Marcador no definido.
20 reglas para el juego del poder .... ¡Error! Marcador no definido.
Liderazgo distribuido para la mejora educativa 46
Bibliografía 107

LIDERAZGO EN LA EDUCACIÓN

Aproximaciones de actualidad en la relación docente, alumno y aprendizaje en la disyuntiva del liderazgo compartido

AUTORES:
JOSE ISMAEL CEPEDA CEPEDA
JOSE LUIS VERDUGO HERNANDEZ
MARGARITA ELIZABETH PRIETO SALGADO

JOSE ISMAEL CEPEDA CEPEDA
JOSE LUIS VERDUGO HERNANDEZ
MARGARITA ELIZABETH PRIETO SALGADO

Liderazgo en la Educación

Ciudad Juárez, Chihuahua: 2018.
B Sides Collection
ISBN: 978-1-948150-17-0
Coordinación editorial: Universidad Autónoma de Chihuahua.

Primera edición, Diciembre de 2018.

Derechos exclusivos de edición reservados. Prohibida la reproducción total o parcial por cualquier medio sin autorización escrita por el autor.

Impreso en Estados Unidos de Norteamérica / Printed in United States of America.

La enseñanza para la comprensión.

El presente documento constituye una reflexión sobre la importancia de la enseñanza para la comprensión en nuestras aulas, partiendo de una amplia definición del concepto tomando en cuenta varios teóricos e investigaciones realizadas, y aportaciones de distintos organismos internacionales y teóricos de la educación.

Buscando aquellos factores que influyen en el rendimiento académico universitario considerando la importancia que han tenido los avances del

Liderazgo de los maestros y su aprendizaje.

El Universal Dictionary of the English Lenguage, define "comprender" de esta manera Aprehender o captar plenamente; saber o aprehender el sentido, importancia, intención, motivo de ;percibir por medio de la mente; apreciar la fuerza o el valor de; asociar un sentido o interpretación a; interpretar explicar; ser inteligente y consciente ".

La Enseñanza para la Comprensión es un abordaje posible de la tarea del docente que intenta encarar resolver el persistente problema de los docentes: Como lograr que los alumnos se interesen, comprendan y utilicen los conocimientos que se les ensenaron en el aula.

El Proyecto Zero de la escuela de Educación de la Universidad de Harvard (1). Viene desarrollando una investigación acerca de la enseñanza para la comprensión que nos proponemos compartir en este espacio.

¿Qué es la comprensión?
¿Cómo nos damos cuenta de que hemos comprendido algo?
¿Cómo podemos demostrarlo?

La comprensión supone:
Un conocimiento activo, es decir un conocimiento que está disponible para el individuo y puede usarlo en diversas situaciones.

- Un conocimiento que se recuerda siempre.
- un conocimiento que promueve transferencia a nuevos contextos.
- Comprender es desempeñarse de modo flexible en un área del conocimiento, es " poder realizar una variada gama de actividades de un pensamiento reflexivo en cuanto a un tema, por ejemplo, explicarlo, encontrar evidencias y ejemplos, poder generalizarlo, aplicarlo y poder presentar analogías y representarlo de manera nueva".

La naturaleza de la comprensión desde este abordaje está vinculada a la acción y a los desempeños.

En este material está dirigido a un amplio público que incluye docentes, líderes escolares, encargados de trazar políticas, padres, educadores docentes e investigadores en educación.

Casi todos coinciden en que los alumnos que están en la escuela deben desarrollar la Comprensión, no solo memorizar hechos y cifras.

Los líderes empresarios adoptan estas metas porque la mayoría de los trabajadores deben saber cómo aprender y pensar para tener éxito en esta época de constante cambio y desarrollo tecnológico.

Los políticos siempre han afirmado que los ciudadanos de una democracia deben analizar críticamente la información y las ideas para hacer elecciones razonadas y responsables, no solo recordar lo que se dice.

En las últimas décadas, los teóricos del aprendizaje han demostrado que los alumnos no recuerdan ni comprenden gran parte de los que se les ensena.

Para comprender ideas complejas y formas de investigación, los estudiantes deben aprender haciendo y deben cambiar activamente su opinión.

Las nuevas normas curriculares establecidas por educadores en una amplia variedad de temas exigen que el trabajo escolar se encuentre en el desarrollo conceptual, el pensamiento creativo, la resolución de problemas y la formulación y comunicación de argumentos atractivos.

De igual manera, las nuevas normas de evaluación desacreditan las pruebas que evalúan si los alumnos recuerdan fragmentos aislados de información por medio del sistema de opción múltiple.

Recomiendan evaluaciones más auténtica, arraigadas y basadas en desempeños integrados con la enseñanza.

A pesar de un creciente consenso en relación con los fines de la educación.

La mayoría de los docentes todavía están rodeados de materiales curriculares, modelos de actividades, consignas de examen estandarizadas, guías de evaluación para docentes, planes diarios y años de experiencia que refuerzan la enseñanza basada en la transmisión tradicional. La mayoría de los libros de texto y los documentos curriculares fuerzan a los docentes a cubrir grandes cantidades de -- 2 informaciones. A pocos docentes se les ha dado la oportunidad de reflexionar sobre las ideas esenciales y las modalidades de indagación en las materias que ensenan.

Muchos docentes que empezaron a incorporar más currículos basados en proyectos no están seguros de como vincular las actividades "de tipo practico" con el aprendizaje "mental". Tal vez el desafío más difícil para los docentes es diseñar estrategias de evaluación que aborden la nueva agenda de manera claramente factible y justa.

Las políticas generales y las pautas amplias no son suficientemente específicas como para ayudar a los docentes a diseñar currículos, planificar actividades educativas y evaluar el trabajo de los alumnos. Antes de que puedan responder a los consabidos reclamos de enseñar para la comprensión, los docentes necesitan respuestas a las siguientes preguntas:

1.- ¿Que tópicos vale la pena comprender?
2.- ¿Que deben comprender los alumnos sobre esos tópicos?
3.- ¿Cómo podemos fomentar la comprensión?
4.- ¿Cómo podemos averiguar qué es lo que comprenden los alumnos?

El proyecto de este trabajo es un marco conceptual de cuatro partes, cuyos elementos abordan cada una de las preguntas anteriores. Primero, define que vale la pena comprender, organizado el currículo alrededor de tópicos generativos que son centrales para una materia, accesibles e interesantes para los alumnos y vinculados con las pasiones del docente.

Segundo, clarifica lo que comprenderán los alumnos al formular metas de comprensión explicitas que están centradas en ideas y en preguntas fundamentales de la disciplina, y hacen públicos estas metas para los alumnos, los padres y otros miembros de la comunidad escolar.

Tercero, favorece la comprensión de los alumnos de tales metas al comprometer a los estudiantes en desempeños de comprensión que les exigen extender, sintetizar y aplicar lo que saben. Los desempeños de comprensión ricos permiten a los alumnos aprender y expresarse por medio de inteligencias y modos de expresión múltiples; a la vez desarrollan y demuestran la comprensión.

Cuarto, mide la comprensión de los alumnos realizando una evaluación diagnostica continua de sus desempeños. Las evaluaciones son más poderosas educativamente cuando se producen a menudo, se basan en criterios públicos directamente vinculados con metas de comprensión, son realizadas tanto por los alumnos como por los docentes y generan recomendaciones constructivas para mejorar los desempeños. Las evaluaciones diagnosticas continuas le dan forma a la planificación y miden la comprensión de los alumnos.

El marco conceptual de la Enseñanza para la Comprensión, estructura la investigación para a los docentes a analizar, diseñar, poner en práctica y evaluar prácticas centradas en el desarrollo de la comprensión de los alumnos.

No prescribe respuestas a las preguntas sino, más bien, ofrece una guía clara, coherente y específica para ayudar a los educadores a desarrollar sus propias respuestas. La investigación sobre el desarrollo y el uso de este marco conceptual

En las escuelas no solo produjo una herramienta práctica para mejorar, sino que también ilumino las condiciones que promuevan la práctica reflexiva.

En 1988 – 89 los directores del proyecto, Howard Gardner, David Perkins y Vito Perrone, invitaron a realizar una investigación tendiente a una pedagogía de la comprensión. La mayoría de los participantes del ámbito universitario estaban asociados con el Proyecto Cero, un centro de investigación de la Escuela de Graduados de Educación de Harvard ,Los investigadores del Proyecto Cero estudian la cognición humana en una diversidad de dominios y buscan aplicar sus hallazgos al mejoramiento del pensamiento, de la enseñanza y del aprendizaje en diferentes entornos educativos. Tanto sus esfuerzos de planificación como el programa de investigación de cinco años resultante fueron posibles gracias al apoyo de la Fundación Spencer.

¿Por qué necesitamos una pedagogía de la comprensión?

La enseñanza para la comprensión – la idea de que lo que aprenden los alumnos tiene que ser internalizado y factible de ser utilizado en muchas circunstancias diferentes dentro y fuera de las aulas, como base para un aprendizaje constante Y amplio, siempre llano de posibilidades, hace largo tiempo que se ha considerado una meta educativa primordial en las escuelas. Pocas veces, sin embargo, semejante fin se ha convertido en la norma.

De una dirección burocrática a un liderazgo educativo

Limitarse a la gestión burocrática de los centros escolares, en las condiciones actuales, crecientemente se está volviendo insuficiente. Si, como primera responsabilidad del establecimiento educacional, es preciso garantizar el éxito educativo a todo su alumnado, esto no puede quedar enteramente al arbitrio de lo que cada profesor, con mayor o menor suerte, haga en su aula. De ahí que la dirección escolar tenga inevitablemente que entrar en la mejora de la enseñanza y del aprendizaje que ofrece el establecimiento educacional. Es un punto, sin duda conflictiva, pero en las experiencias y literatura internacional, cada vez más claro: si los profesores son clave de la mejora, los directores han de crear el clima adecuado para que los docentes sean mejores, supervisando los resultados y alentando el progreso. No obstante, preciso es reconocerlo, tanto en Chile como en México tenemos un conjunto de retos pendientes para poder pasar de la actual modo de ejercer la dirección al liderazgo para el aprendizaje (Maureira, 2006).

En lugar de esta gestión meramente burocrática, como sucede igualmente en otras organizaciones no educativas, se están demandando organizaciones escolares más flexibles, capaces de adaptarse a contextos sociales complejos. Por eso, como hemos analizado en otros escritos (Bolívar, 2000), las organizaciones con futuro son aquellas que tengan capacidad para aprender a desarrollarse y hacer frente al cambio. Para lograrlo precisan, entre otras, de autonomía que les posibiliten poner en marcha proyectos propios y aprender de la experiencia. Al tiempo, potenciar la capacidad local de cada establecimiento para mejorar, aportando los recursos necesarios e impeliendo un compromiso por la mejora. Todo lo cual no será posible si no se rediseñan o reestructuran las escuelas para que lleguen a ser organizaciones genuinas de aprendizaje, no sólo para los alumnos sino para los propios profesores. Como dicen Stoll y Temperley (2009):

Los líderes escolares sólo pueden influir en los resultados de los estudiantes si cuentan con autonomía suficiente para tomar decisiones importantes acerca del currículum y la selección y formación de maestros; además, sus principales áreas de responsabilidad deberán concentrarse en mejorar el aprendizaje de los alumnos. Los países optan cada vez más por la toma de decisiones descentralizada y por equilibrar ésta con una mayor centralización de los regímenes de rendición de cuentas, como las pruebas estandarizadas (p. 13).

De modo paralelo a la crisis de modelos basados en el control, vertical y burocrático, se ha perdido la confianza en los cambios planificados externamente para mejorar la educación, como muestra el "fracaso" de las sucesivas reformas. Confiamos ahora más en movilizar la capacidad interna de cambio (de los centros como organizaciones, de los individuos y grupos) para regenerar internamente la mejora de la educación. Se pretende favorecer la emergencia de dinámicas laterales y autónomas de cambio, que puedan devolver el protagonismo a los agentes y –por ello mismo– pudieran tener un mayor grado de sostenibilidad. Los cambios deben, así, iniciarse internamente desde dentro, mejor de modo colectivo, induciendo a los propios implicados a la búsqueda de sus propios objetivos de desarrollo y mejora, como ha puesto de manifiesto las experiencias y literatura actual sobre "comunidades profesionales de aprendizaje" (Bolam, Stoll, Thomas y Wallace, 2005; Escudero, 2009; Stoll y Louis, 2007). En este contexto, el liderazgo –no restringido al equipo directivo, sino compartido o distribuido– ocupa un lugar privilegiado (Harris, 2008).

En esta situación podemos plantear qué hace o puede hacer la dirección en México para mejorar la labor docente del profesorado en su aula y, consiguientemente, el aprendizaje de los alumnos. Desde luego, es preciso pasar de un modelo "transaccional", como hemos tenido en México (Bolívar y Moreno, 2006), en que los colegas eligen –de acuerdo con sus intereses, a veces corporativos– al director, por uno "transformador", como vio entre otros Leithwood (1994). La dependencia de los electores, como en la política, hace vulnerable poder ir más allá en un sentido proactivo y transformador. Romper estos vínculos de dependencia (Fullan, 1998), junto a otras regulaciones externas, es necesario para un cambio educativo.

Entendemos por "liderazgo", fundamentalmente, la capacidad de ejercer influencia sobre otras personas, de manera que éstas puedan tomar las líneas propuestas como premisa para su acción. Esta influencia, no basada en el poder o autoridad formal, se puede ejercer en distintas dimensiones, especialmente en el plano organizativo, cuando una dirección logra alcanzar consenso y moviliza a la organización en torno a metas comunes (Leithwood, Day, Sammons, Harris y Hopkins, 2006). Cuando estos esfuerzos van dirigidos a la mejora de los aprendizajes de los alumnos, hablamos de *liderazgo educativo* o *pedagógico*. En este sentido, ciertas rutinas administrativas asociadas a la dirección de la organización no forman parte del liderazgo pedagógico. Si bien, siendo realistas, en las condiciones actuales, en muchos casos, es preciso asegurar la gestión y funcionamiento de la organización, ejercer un liderazgo supone ir más lejos induciendo al grupo a trabajar en determinadas metas propiamente pedagógicas.

Al respecto, el informe TALIS (OCDE, 2009) señala que no hay oposición entre un modelo administrativo y otro pedagógico: los directores que ejercen un destacado liderazgo pedagógico son, en general, los que también ejercen mejor el liderazgo administrativo. En Chile esto parece constatarse, como muestra el informe (Carbone, 2008) sobre la situación del liderazgo escolar, en el que se mantiene la hipótesis de que dicho liderazgo se vehiculiza a través de los dispositivos de gestión, como modo para impactar en los aprendizajes de los alumnos. Sin embargo, es cierto, que la sobrecarga de actividades burocráticas-administrativas impide el ejercido de un liderazgo pedagógico (Weinstein, 2009). En el caso español, en el informe TALIS, según la percepción del profesorado y directores, obtiene la puntuación más baja en liderazgo pedagógico y también en liderazgo administrativo, muy por debajo de la media. Siendo compatibles ambas dimensiones (gestión y liderazgo), también es cierto que atender la primera puede limitar desarrollar la segunda. Como dice el Informe McKinsey (Barber y Mourshed, 2007) deben estructurarse las funciones, expectativas e incentivos para asegurarse de que los Directores se concentran en el liderazgo en instrucción y no en la administración del establecimiento. Esto contrasta con los sistemas educativos en que muchos directores dedican la mayor parte de su tiempo a tareas que no se relacionan directamente con la mejora de la enseñanza en sus escuelas, limitando así las capacidades para hacer realidad mejoras concretas en los resultados de los alumnos (p. 34).

Todo esto ha contribuido a que la dirección pedagógica de los centros educativos se esté constituyendo, a nivel internacional y nacional, como un factor de primer orden en la mejora de la educación, al tiempo que en una prioridad de las agendas de las políticas educativas. Diversos informes internacionales lo ponen de manifiesto. Por una parte, el informe TALIS (OCDE, 2009) analiza la relevancia de un liderazgo para el aprendizaje[1] del alumnado, del profesorado y del propio centro como organización. La propia OCDE ha decidido intervenir en esta dimensión, a través de su programa titulado Mejorar el liderazgo escolar (*Improving school leadeship*), en el que participan entre otros Chile (Mineduc, 2007) y México (Ministerio de Educación, 2007). Justifica entrar en esta dimensión dado que, como afirma al comienzo de su estudio:

El liderazgo escolar se ha convertido en una prioridad de los programas de política educativa a nivel internacional. Desempeña una función decisiva en la mejora de los resultados escolares al influir en las motivaciones y capacidades de los maestros, así como en el entorno y ambiente escolares. El liderazgo escolar eficaz es indispensable para aumentar la eficiencia y la equidad de la educación. [...] Los responsables de política educativa necesitan mejorar la calidad del liderazgo escolar y hacerlo viable (Pont, Nusche y Moorman, 2008, pp. 9-19).

Un liderazgo centrado en el aprendizaje

La agenda próxima en la mejora del ejercicio de la dirección, de acuerdo con las orientaciones más potentes en la literatura (Day, Sammons y Hopkins 2009; Macbeath y Nempster, 2009), es el liderazgo centrado en el aprendizaje (*learning-centered leadership*); es decir, vincular el liderazgo con el aprendizaje del alumnado. Un liderazgo para el aprendizaje toma como núcleo de su acción la calidad de enseñanza ofrecida y los resultados de aprendizaje alcanzados por los alumnos. El asunto prioritario es, pues, qué prácticas de la dirección escolar crean un contexto para un mejor trabajo del profesorado y, conjuntamente, de todo el establecimiento educacional, impactando positivamente en la mejora de los aprendizajes del alumnado (Weinstein *et al.*, 2009). Para lograrlo, entre otros, deja de ser un rol reservado al director, siendo dicha misión compartida por otros miembros del equipo docente. En este sentido, dice Elmore (2000, p. 25), que "la mejora es más una cualidad de la organización, no de caracteres preexistentes de los individuos que trabajan en ella"; por eso mismo, el liderazgo ha de ser concebido como algo separado de la persona y del papel que esa persona pueda desempeñar en un momento determinado. El liderazgo está en la escuela y no en la persona del director; que ha de construir su propia capacidad de liderazgo. Las dimensiones transformacionales del liderazgo (rediseñar la organización), junto con el liderazgo instructivo o educativo (mejora de la educación ofrecida), en los últimos años han confluido en un liderazgo centrado en el aprendizaje (del alumnado, del profesorado y de la propia escuela como organización). Más específicamente se entiende como un liderazgo centrado-en o para el aprendizaje (*leadership for learning*). Esta perspectiva no es un modelo más de los que han desfilado en torno al liderazgo sino que expresa, en el contexto escolar, la dimensión esencial del liderazgo, cuya relación causal recogen diversas investigaciones (Swaffield y Macbeath, 2009). El liderazgo para el aprendizaje implica en la práctica, al menos, cinco principios (Macbeath, Swaffield y Frost, 2009): centrarse en el aprendizaje como actividad, crear condiciones favorables para el aprendizaje, promover un diálogo sobre el liderazgo y el aprendizaje, compartir el liderazgo, un responsabilidad común por los resultados. La creación de una cultura centrada en el aprendizaje de los alumnos requiere: promover la cooperación y cohesión entre el profesorado, un sentido del trabajo bien hecho, desarrollar comprensiones y visiones de lo que se quiere conseguir.

En el referido programa (*Improving School Leadership*) promovido por la OCDE, la mejora del liderazgo escolar pasa por cuatro grandes líneas de acción: (re)definir las responsabilidades; distribuir el liderazgo escolar; adquirir las competencias necesarias para ejercer un liderazgo eficaz; y hacer del liderazgo una profesión atractiva. Dicho informe señala que las responsabilidades del liderazgo escolar han de ser redefinidas para un mejor aprendizaje de los estudiantes, reconociendo que "el liderazgo para el aprendizaje es el carácter fundamental del liderazgo escolar" (Pont *et al.*, 2008, p. 10). Una de las tareas centrales de la dirección escolar, hasta ahora entendida como alejada de su competencia, es contribuir a mejorar las prácticas docentes y actuación profesional del profesorado, con el objetivo último del incremento de aprendizajes del alumnado, es decir, un "liderazgo centrado en apoyar, evaluar y desarrollar la calidad docente se reconoce ampliamente como un componente esencial del liderazgo eficaz" (Pont *et al.*, 2008,)

Las prácticas de liderazgo han cambiado dramáticamente en las dos últimas décadas, particularmente en contextos de política educativa donde los centros educativos tienen mayor autonomía y, paralelamente, una mayor responsabilidad por los resultados escolares (Stoll y Temperley, 2009). A medida que el mejoramiento se torna más dependiente de cada establecimiento educacional y éste, con mayores cotas de autonomía, debe dar cuenta de los resultados obtenidos, el liderazgo educativo de los equipos directivos adquiere mayor relevancia. Si bien pueden ser discutibles las formas y usos de la evaluación de establecimientos escolares en función del rendimiento de sus estudiantes, lo cierto es que están incidiendo gravemente en la dirección escolar (Elmore, 2005). Por eso, un liderazgo para el aprendizaje toma como núcleo de su acción la calidad de enseñanza ofrecida y los resultados de aprendizaje alcanzados por los alumnos. De hecho, más allá de resolver los asuntos cotidianos de gestión, los equipos directivos están desarrollando ya nuevas prácticas acordes con las demandas actuales.

A pesar de la importancia, antes resaltada, de la dirección en la mejora de la enseñanza, no queremos caer en atribuir a la dirección factores causales que no le pertenecen. En este sentido, como dice Elmore (2000), resulta necesario des romantizar el liderazgo; es decir, dejar de proyectar en él lo que debieran ser buenas cualidades para el funcionamiento de la organización; y –en su lugar– abogar por un liderazgo distribuido (distributed leadership) entre todos los miembros (Harris, 2008), que contribuya a capacitar al personal en la mejora. El liderazgo –como proclaman propuestas ingenuas, en un salto al vacío– no es la solución a todos los problemas, sino parte de ella. De modo paralelo es preciso poner el foco de atención, de un lado, en potenciar el liderazgo del profesor (Lieberman y Miller, 2004; Harris, 2004); de otro, las escuelas como comunidades profesionales de aprendizaje efectivas (Stoll y Louis, 2007). Se trata de generar una cultura escolar robusta, con implicación de todos los agentes (incluida la familia y la comunidad), en un proceso que Kruse y Louis (2008) llaman "intensificación del liderazgo". Sin construir un sentido de comunidad que valora el aprendizaje poco lejos puede ir el liderazgo.

El impacto del liderazgo en la mejora de los aprendizajes: efectos y prácticas

La literatura actual, derivada de los estudios sobre eficacia y mejora de la escuela, ha destacado el papel desempeñado por el liderazgo pedagógico en organizar buenas prácticas educativas en los centros escolares y en contribuir al incremento de los resultados del aprendizaje. El "efecto-director" es, normalmente, un efecto indirecto: no es él quién trabaja en las aulas, pero puede contribuir a construir las condiciones para que se trabaje bien en ellas. Sin duda la efectividad de un profesor en la clase está en función de sus capacidades, de las motivaciones y compromiso y de las características del contexto en que trabaja y del entorno externo (social y político). Pero la creación de un ambiente y de unas condiciones de trabajo que favorezcan a su vez un buen trabajo en las aulas es algo que depende de los equipos directivos. Por eso, si bien otros factores y variables tienen su incidencia, la función del equipo directivo se convierte en un "catalítico" en la mejora de los centros educativos, especialmente en la promoción y gestión de la enseñanza. Por eso, no hay un proyecto de dinamización o de mejora en un centro que no esté el equipo directivo detrás, aunque no sea el protagonista directo.

A nivel de investigación, la literatura actual, derivada de los estudios sobre eficacia y mejora de la escuela, ha destacado el papel que desempeña el liderazgo educativo en organizar buenas prácticas educativas en los centros y en contribuir al incremento de los resultados del aprendizaje (Weinstein *et al.*, 2009). Los efectos estudiados por la investigación se refieren al liderazgo en el contexto anglosajón, con roles y capacidades muy distintas a las que tiene el director o equipos directivos en México. La investigación es consistente sobre los efectos del liderazgo en la mejora de los resultados, si bien dichos efectos se ven mediados por las prácticas docentes en el aula (Waters Marzano y McNulty, 2003; Leithwood y Jantzi, 2008; Leithwood, Louis, Anderson y Wahlstrom., 2004; Robinson, 2007). Estos investigadores concluyen que, dentro de todos los factores internos de la escuela, después de la labor del profesorado en el aula, el liderazgo es el segundo factor que contribuye a lo que aprenden los alumnos en la escuela, explicando alrededor de un 25% de todos los efectos escolares. Los líderes generalmente contribuyen al aprendizaje de los alumnos indirectamente, a través de su influencia sobre otras personas o características de su organización. Su éxito depende mucho de sus decisiones sobre dónde dedicar tiempo, atención y apoyo. En una investigación realizada en Chile por Sergio Garay (2008), el liderazgo explica el 11% de la varianza en la eficacia escolar, debido a la distinta configuración y competencias que tiene en Chile. De modo paralelo, en otra investigación realizada por Paulo Volante (2008, p. 210) se concluye que "en las organizaciones en que se perciben prácticas de liderazgo instruccional en la dirección escolar, es posible esperar logros académicos superiores y mayores expectativas respecto a los resultados de aprendizaje por parte de los profesores y directivos".

Las revisiones de la investigación producida en las últimas décadas (Hallinger y Heck, 1998; Marzano, Waters y McNulty 2005) señalan que los equipos directivos pueden marcar una diferencia crítica en la calidad de las escuelas y en la educación de los alumnos. Además, la propia calidad del profesorado puede verse potenciada, a su vez, por la propia acción de los líderes en ese ámbito. Como constata el informe de la OCDE, a partir de la revisión de investigaciones:

Los líderes escolares ejercen una influencia medible, en su mayor parte indirecta, sobre los resultados del aprendizaje. Esto significa que el impacto de los líderes escolares en el aprendizaje de los estudiantes, por lo general, es mediado por otras personas, eventos y factores organizacionales, como maestros, prácticas del salón de clase y ambiente de la escuela (Pont *et al.*, 2008, p. 34).

En otras revisiones (Robinson, Hohepa, y Lloyd., 2009) se pone de manifiesto los efectos que determinados modos de ejercicio del liderazgo son aún mayores en escuelas situadas en contextos vulnerables y de pobreza, donde un buen liderazgo educativo puede contribuir decididamente a incrementar sus índices de mejora. Por eso, si bien los factores externos (sociofamiliares, económicos o culturales) son condicionantes, no determinan lo que la escuela puede hacer. Estas investigaciones exploran las relaciones directas e indirectas, estadísticamente significativas, entre las acciones de los líderes y los resultados del alumnado. Del mismo modo, aquellas intervenciones en el aprendizaje profesional del profesorado que tienen un impacto positivo en el aprendizaje del alumnado y el papel jugado por los líderes en crear las condiciones adecuadas para que tenga lugar. Los líderes generalmente contribuyen al aprendizaje de los alumnos indirectamente, a través de su influencia sobre otras personas o características de su organización. Su éxito depende mucho de sus decisiones sobre dónde dedicar tiempo, atención y apoyo. Los investigadores han identificado, según la referida revisión, cinco dimensiones que tienen un impacto significativo (medido de 0–1) en el aprendizaje de los estudiantes:

1. Promover y participar en el aprendizaje y desarrollo profesional de su profesorado (0.84)
2. Planificar, coordinar y evaluar la enseñanza y el currículum (0.42)
3. Establecer metas y expectativas (0.35)
4. Empleo estratégico de los recursos (0.34)
5. Asegurar un entorno ordenado de apoyo (0.27)

En una amplia investigación, en la que han participado reconocidos investigadores (Day, *et al*., 2009), sobre el impacto del liderazgo en los resultados de los alumnos, entiende que los resultados de los alumnos (cognitivos, afectivos, conducta social), dependen, en primer lugar, como variable mediadora, de las condiciones del trabajo docente, cuyo impacto en el aprendizaje se verá moderado por otras variables como el capital cultural de la familia o el contexto organizativo. Una y otra pueden verse influenciadas por quienes ejercen roles de liderazgo, produciendo –de este modo– mejoras en el aprendizaje del alumnado. En particular, como se describe posteriormente, cómo se puede intervenir en la cultura profesional docente, formación continua o condiciones de trabajo del profesorado en modos que favorezcan los objetivos deseados.

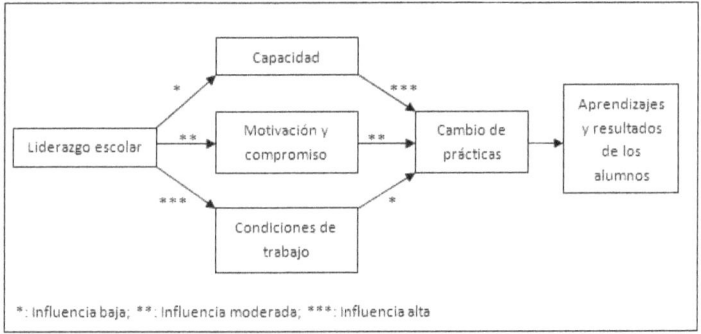

Figura 1. Los efectos del liderazgo escolar

Como indica la Figura 1, para mejorar el aprendizaje y resultados de los alumnos se debe mejorar el desempeño del profesorado. Dicho desempeño está en función de la motivación y el compromiso, la capacidad o competencia y las condiciones en que trabajan. Si pueden influir menos directamente sobre las competencias docentes, sin embargo pueden ejercer una fuerte influencia en las otras variables (motivaciones y compromisos, condiciones del trabajo docente). En la Figura se recogen, de modo simplificado, la fuerza de las relaciones (baja, moderada o alta influencia), de acuerdo con los resultados de la investigación. Cuando los directores ejercían este tipo de liderazgo mayor influencia tenían en estas variables intermedias del profesorado que, a su vez, condicionan las nuevas prácticas docentes y, finalmente, los resultados de los alumnos. La Figura 1 muestra, asimismo, que las capacidades docentes son las que mayor influye en las prácticas, si bien el grado de intervención del director en ellas es menor. Este es un reto al que habrá que hacer frente en el futuro. Igualmente, el sentido de eficacia se constituye en una variable de primer orden. Por tanto, los líderes escolares con éxito mejoran la enseñanza y el aprendizaje y, por lo tanto, de manera indirecta, los resultados de los alumnos, principalmente a través de su influencia en la motivación del personal, el compromiso, las prácticas de enseñanza y desarrollando las capacidades del profesorado para el liderazgo.

Los efectos exitosos del liderazgo en el aprendizaje de los alumnos dependerán mucho tanto de las prácticas desarrolladas, como de que el liderazgo esté distribuido o compartido, así como de sus decisiones sobre en qué dimensiones de la escuela dedicar tiempo y atención. En una investigación modélica, Leithwood, Day *et al.* (2006) han descrito cuatro grandes tipos de prácticas del liderazgo que tienen un impacto en el aprendizaje de los alumnos:

1. Establecer una dirección (visión, expectativas, metas del grupo). Los directores efectivos proveen de una visión clara y un sentido a la escuela, desarrollando una comprensión compartida y misión común de la organización, focalizada en el progreso de los alumnos. Para esto desarrollan prácticas tales como: identifica nuevas oportunidades para la organización, para motivar e incentivar al personal para conseguir las metas comunes. Esto implica establecer valores y alinear al staff y a los alumnos de acuerdo con ellos.

2. Desarrollar al personal. Habilidad del líder para potenciar aquellas capacidades de los miembros de la organización necesarias para movilizarse de manera productiva en función de dichas metas. Prácticas coherentes son: desarrollo profesional, atención, incentivos o apoyo, procesos deliberativos que amplíen la capacidad de los miembros para responder mejor a las situaciones.

3. Rediseñar la organización. Establecer condiciones de trabajo que posibiliten al personal un desarrollo de sus motivaciones y capacidades, con prácticas que construyen una cultura colaborativa, faciliten el trabajo en equipo, así como gestionar el entorno. Para eso se han de posibilitar la creación de tiempos comunes de planificación para profesores, establecimiento de estructuras grupales para la resolución de problemas, distribución del liderazgo y mayor implicación del profesorado en la toma de decisiones.

4. Gestionar los programas de enseñanza y aprendizaje. Conjunto de tareas destinadas a supervisar y evaluar la enseñanza, coordinar el currículum, proveer los recursos necesarios y seguir el progreso de los alumnos. Prácticas adecuadas son: supervisar la sala de aula; motivar, emocionalmente, al profesorado, con actitud de confianza hacia ellos y sus capacidades, promoviendo su iniciativa y apertura a nuevas ideas y prácticas.

Por su parte, Viviane Robinson (2007), apoyándose en estudios cuantitativos que vinculan liderazgo con resultados

de alumnos, define cinco dimensiones de liderazgo que lo hacen eficaz:
1. Establecimiento de metas y expectativas. Esta dimensión incluye establecer objetivos de aprendizaje relevantes y medibles, comunicar de forma clara a todas las partes y hacer el seguimiento de los mismos, así como la implicación del cuerpo docente y de otros en el proceso. Metas claras generan buen desempeño y sentido de prioridades en medio de las nuevas exigencias y hacen que los profesores puedan disfrutar de su trabajo al sentirse controlando la situación, en lugar de siendo controlados por ésta.
2. Obtención de recursos en forma estratégica. Implica alinear la selección de recursos con las prioridades de los objetivos de enseñanza. Igualmente, incluye la adecuada selección y provisión del personal docente. Implica también un enfoque concentrado y no fragmentado del mejoramiento escolar.
3. Planificación, coordinación y evaluación de la enseñanza y del currículum. Implicación directa en el apoyo y evaluación de la enseñanza mediante la visita regular a las clases en las aulas, y la provisión de los correspondientes feedbacks formativos y sumativos a los docentes. Supervisión directa del currículum mediante la coordinación entre profesorado entre niveles y etapas de la escuela y en el interior de cada curso o ciclo. La coherencia incrementa las oportunidades de aprendizaje. La evaluación, basada en evidencias, posibilita la indagación para la mejora.

4. Promoción y participación en aprendizaje y desarrollo docente. Si la calidad de los docentes tiene impacto directo en la oportunidades que tendrán los niños, el liderazgo tendrá que promover las oportunidades, formales e informales, para el aprendizaje profesional. Además de promoverlas, debe participar directamente con los docentes en el desarrollo profesional.

5. Aseguramiento de un entorno ordenado y de apoyo. Organizar las aulas para reducir los tiempos de espera, las presiones externas y las interrupciones para proteger las oportunidades de aprendizaje de los alumnos. Se debe establecer un entorno ordenado, que favorezca el aprendizaje, dentro y fuera del aula.

En conjunto, pues, de modo paralelo, hay una coincidencia sobre prácticas que promueven un liderazgo eficaz. Dado que el aprendizaje no suele aparecer de modo contingente o accidental, el equipo directivo debe crear entornos, disponer espacios y tiempos que faciliten y apoyen el aprendizaje del profesorado, de la organización y, en último extremo, del alumnado. Evidentemente, si el elemento central es el aprendizaje de los estudiantes, se deben rediseñar aquellas estructuras que hacen posible la mejora a nivel de aula, apoyando y estimulando el trabajo del profesorado en clase (Robinson, Hohepa y Lloyd, 2009). En esta medida, los equipos directivos dirigen su acción a rediseñar los contextos de trabajo y relaciones profesionales, por lo que están llamados a ser "líderes pedagógicos de la escuela"

(Leithwood, 2009). La creación de una cultura centrada en el aprendizaje de los alumnos requiere: promover la cooperación y cohesión entre el profesorado, un sentido del trabajo bien hecho, desarrollar comprensiones y visiones de lo que se quiere conseguir (Waters, Marzano y McNulty, 2003).

Hacia una dirección educativa.

Aun cuando cada país tiene su propia historia y tradición, que tanto pesa sobre su configuración actual y que –a la vez– condiciona los posibles cambios futuros; a nivel comparativo, comparten en este tema un diagnóstico y una vía de salida. En las dos últimas décadas, Chile y México, han experimentado un desarrollo espectacular en educación (nivel de cobertura, extensión años de escolaridad obligatoria, cambios en el currículum, programas de compensación educativa, incremento sustantivo del financiamiento, mejora remuneraciones docentes, etc.). Sin embargo, esto no se ha traducido, de modo significativo, en una mejora de los aprendizajes, como muestran los resultados en PISA y, en el caso de Chile, también en SERCE. Desde luego, hay muchos factores que condicionan dicha mejora, en particular la formación del profesorado y la calidad de los procesos instructivos desarrollados (Uribe, 2007). Pero, como acabamos de defender, el liderazgo de los directivos tiene un papel de primer orden.

En el caso español, por una historia particular (Viñao, 2005), los directivos escolares han tenido escasas atribuciones para poder ejercer un liderazgo educativo. Institucionalmente ha estado situada con una debilidad estructural y graves limitaciones para diseñar entornos de mejora del aprendizaje de todos los alumnos (Ministerio de Educación, 2007). No basta confiar en el compromiso o voluntarismo de todos el profesado de una escuela, porque en tal caso poco se podía hacer para ir más allá de la contingencia y suerte con el profesorado que se cuente en el centro escolar. Sin embargo, están empezando cambios significativos en ejercicio de la dirección en México, ya reflejados en las nuevas regulaciones legislativas, en un tránsito de un modelo burocrático a una dirección pedagógica, encaminada a la mejora de los aprendizajes y de los resultados del centro escolar, de acuerdo con las orientaciones reflejadas en la literatura internacional.

En las últimas décadas, en general, se ha operado un doble proceso. Si bien hay todo un conjunto de posibilidades para apoyar esta política de mejora dirigida a potenciar el liderazgo educativo; por otra, partimos de una cultura escolar con graves impedimentos para que los directivos escolares puedan ejercer dicho papel. México, junto con Portugal, han compartido un modo singular (y único) de dirección escolar dentro de la Unión Europea (Ministerio de Educación, 2007; Bolívar y Moreno, 2006), en ambos casos el director es elegido por sus colegas. En México, las expectativas suscitadas por una cultura de la participación no se han correspondido con la realidad. No siempre que sea "electivo" significa ser democrático, puesto que puede ser también "corporativo". Por eso mismo, no es el procedimiento de acceso el que garantiza su carácter democrático, cuanto el modo de funcionamiento y cómo está estructurada la organización. En su crisis han concurrido diversas causas: los mecanismos de elección no han funcionado en un alto porcentaje (40%) por falta o penuria de candidatos, teniendo –en estos casos– que ser nombrados por la Administración; los ineludibles mecanismos de transacción con los compañeros que lo han elegido no posibilita a la larga una mejora; finalmente, tampoco ha motivado el ejercicio de un liderazgo distribuido, compartido o democrático en una comunidad profesional de aprendizaje. La lógica colegial de naturaleza corporativa impide el ejercicio de un liderazgo pedagógico (Bolívar, 2006). Por eso, la nueva regulación en México ha cambiado la elección por "selección".

Un punto crítico sobre la dirección y organización de centros en México es qué hace o puede hacer la dirección para mejorar la labor docente del profesorado en su aula y, consiguientemente, el aprendizaje del alumnado (Bolívar y Moreno, 2006). Además de otros procesos o condiciones, parece también evidente que un modelo colegial de elección de directores, presenta serias dificultades para un liderazgo pedagógico o educativo. Así el Informe TALIS (OCDE, 2008) dibuja una dirección en México con escasa capacidad para mejorar los procesos de enseñanza-aprendizaje pues, de acuerdo con la percepción de los agentes educativos, obtiene la puntuación más baja en liderazgo pedagógico y también en liderazgo administrativo, muy por debajo de la media. Por eso, tenemos un conjunto de retos pendientes para poder acercarnos a la referida forma de trabajo (Bolívar, 2006).

Influidos por las tendencias actuales, que consideran prioritario el papel de liderazgo educativo, contamos ahora con una progresiva convergencia de nuestra legislación y política educativa con dichas orientaciones. Al respecto la actual Ley Orgánica de Educación (LOE) introduce (art. 132) como novedad, entre las competencias del director, "ejercer la dirección pedagógica, promover la innovación educativa e impulsar planes para la consecución de los objetivos del proyecto educativo del centro". De modo similar, por limitarnos a las aprobadas y publicadas, la Ley de Educación de Andalucía reafirma la función de "dirección pedagógica" (art. 132.1). Por su parte, la Ley de Educación de Cataluña especifica que tiene funciones de "liderazgo pedagógico" (art. 142), en particular en el ejercicio de la autonomía pedagógica; paralelamente la Administración educativa debe fomentar y apoyar "la capacidad de la capacidad de liderazgo de los profesionales de la organización y gestión de los centros educativos" (art. 100). A su vez, los nuevos Reglamentos Orgánicos de los centros (en Andalucía y otras comunidades) o el "Decret d'autonomia dels centres educatius" de Cataluña, ambos en fase de borrador, están concretando –y ampliando– el ejercicio de liderazgo pedagógico. Este último habla de que "la dirección de los centros adquiere un papel de liderazgo global de la acción de los centros públicos".

Paralelamente, un Informe de Eurydice (2008) sobre las reformas de autonomía escolar en Europa, señala como tendencia general el progresivo incremento de descentralización y autonomía en los países europeos, recayendo –dentro de una "nueva gestión pública"– en el director la responsabilidad de su ejercicio y de la mejora de la calidad. Como se acaba de señalar, también en México, de ser uno de los países donde menos competencias organizativas, pedagógicas y de gestión tienen los equipos directivos, justo en este momento estamos en un proceso de ampliación real de dicha autonomía. Dado que las circunstancias (autonomía, responsabilización por los resultados) fuerzan a ir en este camino, se está, pues, en un situación de no retorno (Bolívar, 2009; 2010). Si el profesorado es clave en la mejora, los directores y directoras han de crear las condiciones y el contexto para que los docentes puedan mejorar en ejercicio profesional. Por eso, un punto crítico sobre la dirección y organización de centros en México es qué hace o puede hacer la dirección para mejorar la labor docente del profesorado en su aula y, consiguientemente, el aprendizaje del alumnado (Bolívar y Moreno, 2006).

El Ministerio de Educación de Chile ha desarrollado una serie de modelos, sistemas y modificaciones legales. En una iniciativa laudable, presentó en el año 2005 el Marco para la Buena Dirección (MBD), determinando las competencias profesionales que deben poseer los directivos con los criterios y descriptores en cuatro grandes ámbitos (liderazgo, gestión curricular, gestión de la convivencia y gestión de recursos). Reconociendo el avance indudable que supone el MBD, como señalan diversos estudios (Garay y Uribe, 2006), el marco normativo y la situación heredada no permiten el adecuado ejercicio de dicho liderazgo; por lo que "es clave que deje de poseer un carácter sólo indicativo, para atravesar las políticas efectivas que se desarrollan diariamente, en particular por parte de los sostenedores, en relación a los directivos (Weinstein, 2009).

Se han iniciado reformas en el marco legal (atribuciones y funciones de los directores de establecimientos educacionales, asignación de desempeño, concursabilidad, etc.), así como otras en el ámbito de la evaluación y calidad (Sistema Nacional Evaluación de Desempeño, Sistema de Aseguramiento de la Calidad de la Gestión Escolar y el sistema de Evaluación de desempeño de docentes directivos y técnico – pedagógicos). Si dichas medidas no han tenido su reflejo adecuado en un mejoramiento sustantivo de la calidad de la educación se debe a que los directivos no ejercen un liderazgo pedagógico. Esto requiere incidir en esta dimensión, tanto en el plano regulativo, de formación y de selección-acceso a la dirección. El Marco para la Buena Dirección, así como el Sistema de Aseguramiento de la Calidad de la Gestión Escolar, precisan para una adecuada implementación de un liderazgo educativo, más allá de la gestión administrativa actual. La extensa renovación próxima de los actuales directivos que, por su elevada edad (55.9 de media), especialmente en los establecimientos municipalizados (Carbone, 2008), se ha de acometer en los próximos años, aconseja atraer a los mejores líderes pedagógicos. Hacer de la dirección una profesión atractiva y desarrollar las competencias para un liderazgo eficaz son dos líneas de acción que aconseja la OCDE (2008) en su conocido informe (*Improving School Leadership*).

Sin embargo resulta difícil, en las actuales estructuras, el ejercicio de un liderazgo educativo. Las escuelas como organizaciones, como ha mostrado altamente la sociología de la enseñanza, están "débilmente articuladas", funcionando cada uno independientemente en su aula, por lo que son escasas –cuando no nulas– las posibilidades de que los directivos puedan supervisar lo que sucede en las clases, y –por tanto– tampoco las de un "liderazgo educativo". La inviolabilidad de las elecciones y acciones que los profesores toman en clase sobre lo que enseñan y cómo lo hacen, impiden cualquier supervisión educativa por parte de la dirección. La atomización y fragmentación de la enseñanza, el habitual individualismo, en efecto, impide tanto la colaboración como la evaluación conjunta de lo planificado a nivel general y de la práctica concreta en el aula. Cuando la organización está débilmente articulada y las prácticas docentes individuales dependen del voluntarismo de cada profesor y la "lógica de la confianza", hablar de liderazgo pedagógico resulta escasamente significativo, como comenta

Elmore (2000), dado que la estructura institucional, en principio, lo impide. Hay una resistencia docente a cualquier tipo de supervisión u orientación de su enseñanza, asentada en un corporativismo e individualismo, que se traduce en una no intervención de la dirección. Una larga tradición, empotrada en la cultura escolar (particularmente en Secundaria), hace que el director de las escuelas públicas no suele saber lo que ocurre en las aulas, la información que puede tener le suele llegar por vías indirectas. Dado que el aislamiento es uno de sus principales enemigos de la mejora, una dirección pedagógica debiera contribuir a crear una visión compartida de la escuela.

Si la gestión se limita a mantener que las cosas funcionen bien (primer nivel necesario), el liderazgo en sentido transformador supone involucrar a los demás en una meta de cambio y mejora de la organización. Entre resolver las tareas más apremiantes de gestión y reaccionar a los numerosos requerimientos administrativos (paradójicamente, incrementados, de modo más complejo, en los últimos tiempos), e inducir un sentido proactivo a la acción colectiva, se juega el papel transformador que los equipos directivos puedan tener en la innovación curricular de una escuela (Leithwood, Jantzi y Steinbach, 1999). La dirección de las escuelas es mayoritariamente –en los mejores casos– transaccional; en otros, simplemente reactiva a los numerosos requerimientos de las distintas instancias. El liderazgo se tiene que dirigir, por eso, a transformar los

modos habituales de enseñanza en nuevos escenarios de aprendizaje. El equipo directivo tiene que jugar una función a caballo entre la transacción con los colegas y las necesidades de transformación que pueden demandarse desde otras instancias. Al respecto, dice Elmore (2008):
Para un director, la práctica de mejora consiste, en gran medida, en hacer visible lo que no se ve. La mayor parte de personas que ocupan un puesto dirigente en la escuela están más o menos socializados en una cultura relativamente disfuncional. Esta socialización consiste, entre otras cosas, en aprender a considerar que la mayoría de aspectos de la escuela y de su cultura como adquisiciones establecidas, concentrándose sobre un pequeño número de cosas que la cultura define como *posibles*. Para que los directivos aprendan a gestionar activamente el proceso de mejora, se precisa poner al día, analizar y modificar todas las reglas, normas y convenciones implícitas que constituyen obstáculos para la acción (p. 51).

Discusión y conclusiones

En su revisión de las Reformas Educativas en Chile en las últimas décadas (Weinstein y Muñoz, 2009) afirman que ésta no ha otorgado un rol significativo a los directivos, no siendo considerados un actor clave para el éxito de los cambios. Se requiere un quiebre, en varias dimensiones, convirtiendo a este estamento en un factor catalizador del cambio en las escuelas. Dentro de la revisión crítica de las políticas de reforma de los 90 y sus resultados, la mejora docente en el aula, como ya lo apuntaba el Marco para una Buena Dirección, demanda nuevos modos de ejercer la dirección de los establecimientos. De modo paralelo en México, Bolívar (2006), basándose en una investigación realizada para el Instituto Nacional de Calidad y Evaluación (INCE), señala cómo el modelo electivo por el Consejo Escolar, establecido en 1985, no ha resuelto adecuadamente la dirección de las escuelas, entre otras cosas por la ausencia de candidatos y su carácter no profesional, abogando por un liderazgo pedagógico. Sorprende, pues, que la política educativa haya mantenido en el olvido durante tanto tiempo a unos profesionales con un papel tan decisivo sobre los resultados escolares. Vamos a señalar algunas conclusiones que, de acuerdo con los análisis previos, pueden sugerir propuestas de interés para ambos países.

En primer lugar, objetivo prioritario de las políticas educacionales en el siglo XXI es garantizar a todos los estudiantes los aprendizajes imprescindibles que les que posibiliten, sin riesgo de exclusión, la integración y participación activa en la vida pública. El liderazgo en la enseñanza está, sin duda, para hacerlo posible. Necesitamos, pues, los mejores equipos directivos que puedan ejercer un liderazgo educativo. Para esto, en primer lugar, como sugiere el informe de la OCDE (Pont *et al.*, 2008), se requiere hacer de la dirección escolar una profesión atractiva. Atraer a los mejores candidatos deben potenciarse en remuneraciones, carrera profesional y formación.

En segundo lugar, se precisa una formación inicial y en servicio adecuadas. Los líderes escolares necesitan capacitación específica para responder al aumento de funciones y responsabilidades, en particular sobre estrategias para mejorar los resultados escolares. El referido informe de la OCDE (Pont *et al.*, 2008) dedica el capítulo 4 al "Desarrollo de habilidades para un liderazgo escolar eficaz".

El Marco para la Buena Dirección reconoce el complejo rol del director y los docentes que cumplen funciones directivas en la actualidad, que requiere para ejercer con propiedad el liderazgo y gestión del establecimiento educativo competencias en cuatro grandes ámbitos de acción: liderazgo, gestión curricular, gestión de recursos y gestión del clima institucional y convivencia.

Si la dirección escolar se ha asentado en un conjunto de regularidades que gobiernan la organización de los centros, la nueva gestión está demandando un cambio de papel que, justamente, al no haberse producido una reestructuración organizativa, lo impiden. De ahí la necesidad de un liderazgo de la dirección que incite, de un modo "transformativo", al desarrollo del establecimiento escolar como organización. Hacer posible el liderazgo educacional (pedagógico o instruccional) exige, pues, cambios en la actual estructura organizativa. Si la acción del liderazgo educacional se debiera dirigir a crear contextos para el aprendizaje y las estructuras escolares asentadas más bien favorecen valores idiosincráticos aislados y aprendizaje individualista, son precisos cambios transformacionales, a nivel organizativo, que posibiliten las acciones deseadas. Un liderazgo transformador, en la formulación de Leithwood, Jantzi y Steinbach (1999), tiene como metas fundamentales: estimular y desarrollar un clima de colegialidad, contribuir al desarrollo profesional de sus profesores, e incrementar la capacidad de la escuela para resolver sus problemas.

A su vez, este liderazgo no va unido a ocupar una posición formal en la cumbre de la pirámide, más bien la iniciativa e influencia está distribuida entre todos los miembros (liderazgo distribuido) de la escuela. Asignar a una persona la iniciativa de cambio, impidiendo el liderazgo de las demás, impediría que la organización aprenda. Desde las "organizaciones que aprenden" se subraya la necesidad de distribuir o dispersar las tareas dinamizadoras en el conjunto del profesorado, como hemos comentado en otro lugar (Bolívar, 2000). Al fin y al cabo, la capacidad de cambio de una escuela dependerá no de una cúspide, sino de que el liderazgo de la dirección se diluya, de modo que —como cualidad de la organización— genere el liderazgo múltiple de los miembros y grupos, siendo —por tanto— algo compartido. Si queremos que los profesores asuman un papel más profesional, con funciones de liderazgo en sus respectivas áreas y ámbitos, deben asumir dirección y autoridad en sus respectivos ámbitos. Por otra parte, configurar los centros escolares como comunidades profesionales de aprendizaje que puedan posibilitar el aprendizaje a través del trabajo conjunto.

El director, en este sentido, tiene que ejercer un papel "transformador": estimular y desarrollar un clima de colegialidad, contribuir al desarrollo profesional de sus profesores, e incrementar la capacidad de la escuela para resolver sus problemas. Construir una visión colectiva y situar los objetivos prácticos, creación de culturas de colaboración, altas expectativas de niveles de consecución y proveer apoyo psicológico y material al personal, son otras tantas dimensiones de estas funciones transformadoras. El modelo de liderazgo pedagógico tiene tres características importantes (Elmore, 2008):

(1) Se centra en la práctica de la mejora de la calidad de la enseñanza y el rendimiento de los estudiantes, (2) Se trata de liderazgo como una función distribuida más que como un rol basado en la actividad, y (3) Se requiere más o menos continua formación y actualización de conocimientos y habilidades, tanto porque el conocimiento base de la práctica docente está cambiando constantemente como porque hay que reponer la población de los líderes actuales (p. 58).

En cualquier caso, abandonada definitivamente cualquier añoranza de líderes heroicos con cualidades y competencias excepcionales y abogando, en su lugar, por un liderazgo compartido o distribuido, de lo que se trata es de un "liderazgo sostenible", como han mantenido Hargreaves y

Fink (2008). La responsabilidad de asegurar una buena educación para todos, en un contexto que acrecienta las diferencias y dualiza la sociedad y las propias escuelas entre integrados y marginalizados, exige un espacio social y moral sostenibles en el tiempo, con los propósitos de promover aprendizajes, amplios y profundos, para toda la ciudadanía.

Pues de lo que se trata, en último extremo, es de cómo garantizar a toda la población en la escolaridad obligatoria, como derecho y como condición de la ciudadanía, aquel conjunto de saberes y competencias básicas que posibiliten, sin riesgo de exclusión, la integración y participación activa en la vida pública. Para eso, no basta tener algunas buenas escuelas que funcionan bien, sino hacer de cada escuela una gran escuela. El liderazgo en la enseñanza ocupa, sin duda, un lugar en dicha tarea.

Liderazgo distribuido para la mejora educativa

Entre las condiciones de organización que requieren el cambio y la innovación sostenibles, el liderazgo ocupa un lugar destacado. Hay suficientes evidencias acerca de que el desarrollo de la capacidad de cambio en las escuelas requiere nuevas y sofisticadas formas de entender y de ejercer el liderazgo (Hallinger, y Heck, 1996; Harris y Lambert, 2003; Harris y Muijs, 2005; Mulford, 2003; Thomson y Blackmore, 2006). Pues bien, en la actualidad y en el campo educativo, la gran mayoría de los esfuerzos y las perspectivas que tratan de establecer una relación sólida – con base empírica- entre liderazgo e innovación se han orientado principalmente hacia un concepto: liderazgo distribuido. Así pues, éste parece ser el corolario de un largo proceso en busca de una formulación teórica sobre la acción y la influencia en las organizaciones educativas acorde con su especificidad (Groon, 2000; Spillane, 2006). Dicha búsqueda ha sido espoleada sin duda por la "desilusión hacia las concepciones del gran-hombre respecto al liderazgo y hacia las estructuras organizativas burocráticas" (Leithwood, Mascall y Strauss, 2009) En efecto, las concepciones clásicas del liderazgo lo presentan como un fenómeno individual, muy dependiente de las características de los sujetos y frecuentemente asociado al desempeño de cargos formales de la organización. Algunas de las perspectivas reduccionistas sobre la cultura organizativa no hicieron sino fortalecer la idea de que se necesitaban líderes carismáticos y "visionarios" al frente de las organizaciones, entendidas como universos de significados compartidos antes que como estructuras formales. Estos líderes acumulaban la misma cuota de poder personal que en las perspectivas clásicas, solo que lo hacían interviniendo sobre las ideas y los símbolos de la organización (Anderson, 1996; Angus, 1996). Las perspectivas que surgieron al amparo del llamado "nuevo" paradigma del liderazgo (Bryman, 1996) proponiendo líderes "transformacionales" en lugar de "transaccionales" (Leithwood, Tomlison y Genge, 1996; Leithwood y Yantzi, 2000) no se apartaron mucho de esta senda. Todas ellas han ido conformando una épica heroica y romántica sobre el liderazgo que ha llegado hasta nuestros días, al tiempo que depositaban sobre los líderes, casi en exclusiva, la responsabilidad de cambiar la mentalidad de las personas, conseguir su compromiso y, en definitiva, transformar radicalmente la organización (Meindl, Erlich y Dukerich, 1985; Alvesson y Sveningsson, 2003: 1448). Frente a estas perspectivas y en línea con la búsqueda de formas organizativas postburocrácticas, flexibles y en red, es que se han posicionado las ideas alrededor de un liderazgo "distribuido" y "post-transformacional" (Parry y Bryman, 2006).

De hecho, aunque las interpretaciones sobre el concepto no son unánimes, y la ambigüedad en torno a la forma que adopta en la práctica es patente (Harris, 2009), se suele caracterizar el liderazgo distribuido como una forma de liderazgo colectivo en la que los docentes desarrollan conocimiento y capacidades a través de su trabajo conjunto (Harris, 2008). En otras palabras, se entiende que la influencia dentro de las organizaciones es un fenómeno coral, en el que intervienen conocimientos y habilidades de distinto tipo, desplegados desde posiciones tanto formales como informales. Además, al poner el foco sobre las actividades y los procesos por encima de la jerarquía y la autoridad, el liderazgo distribuido trata de salvar el recurrente dualismo líderseguidores y las imágenes de superioridad y subordinación a él asociadas. Se asume, en definitiva, que el liderazgo puede proceder de cualquier lugar dentro de la organización, y que más que estar vinculado a un estatus o posición determinada, tiene que ver con la dinámica de trabajo que grupos e individuos despliegan en un contexto organizativo específico (Gronn, 2003). Una de las cuestiones más interesantes de la retórica del liderazgo distribuido es su vocación de comprender cómo funciona el fenómeno de la influencia en las escuelas. Es verdad que una parte importante de los trabajos sobre éste tópico hacen lo que marca la tradición del campo: tratar de convencernos de que ésta es la forma adecuada de liderar los procesos educativos. Sin embargo, frente a ese enfoque normativo, un número significativo de ellos adoptan un enfoque analítico-descriptivo. Este enfoque ha generado una importante literatura de investigación sobre las propiedades y las complejidades de la distribución del liderazgo en las instituciones escolares: fuentes, focos, funciones, interacciones, contextos, resultados (Camburn, Rowan y Taylor, 2003; Copland, 2003; Gronn, 2002; McBeath, 2005; Spillane, 2006; Spillane, Halverson y Diamond, 2004) Lo que nos recuerdan los enfoques analítico-descriptivos es que el liderazgo es frecuentemente distribuido en estas organizaciones; que las formas distribuidas de liderazgo coexisten junto (o en paralelo) con formas más focalizadas o individuales; que la distribución de las responsabilidades en el trabajo varía, y mucho, en función del tipo de actividad; y que no siempre, ni mucho menos, son los líderes formales quienes asumen dicha responsabilidad (Gronn, 2009; Spillane, Camburn y Pareja, 2007; Timperley, 2009). En concreto, Spillane, Camburn y Pareja (2007) encontraron que aproximadamente un cuarto de las actividades docentes relacionadas con el curriculum y la enseñanza en el centro eran dirigidas por líderes informales (sin cargo alguno) Y que casi la mitad (47%) de las actividades sobre las que los directores tenían responsabilidad eran realizadas en colaboración con otros docentes. Otras investigaciones también hallaron que los participantes atribuían liderazgo a muy diferentes fuentes en sus centros escolares, no sólo al director (Anderson, Moore y Sun, 2009; Camburn, Rowan y Taylor, 2003; Leithwood et al, 2007; Spillane, 2006). También en lo que se refiere al liderazgo formal algunos estudios han hallado una variedad de fórmulas organizativas. Gronn

(2009: 33) encontró que el liderazgo individual coexistía con el de parejas, tríos y otras formaciones similares. Por su parte Grubb y Flessa (2009) estudiaron tres modelos alternativos de dirección: escuelas con dos co-directores, con directores rotativos, y una pequeña escuela sin director en donde los profesores se dividían las tareas de éste. Y señalaron algunos beneficios de estos modelos: una atención más directa hacia las prácticas pedagógicas, más atención a los servicios que prestan apoyo a la escuela, y gran disponibilidad para profesores, alumnos y padres. Pero la distribución del liderazgo en la práctica alcanza incluso más allá de las paredes de las escuelas. Firestone y Martínez (2007) estudiaron los procesos de liderazgo pedagógico inscrito en la relación entre profesores, directivos y el personal del distrito. Encontraron que podían compartir tres tareas principalmente: procurar y distribuir materiales, el seguimiento de los procesos de mejora y las actividades de desarrollo del profesorado. Por su parte, Higham, Hopkins y Matthews (2009) han hecho notar que dada la variedad de personal de apoyo que se está incorporando al servicio de las escuelas en los países desarrollados podemos hablar de un liderazgo del sistema (system leadership), al tiempo que debemos ocuparnos de analizar su interacción con los liderazgos internos de los centros. Otra de las preocupaciones de las investigaciones sobre el liderazgo desde una perspectiva distribuida es cómo éste se distribuye en la práctica y qué efectos tiene en la organización. Se han sugerido una gran variedad de patrones de distribución, fruto del uso de distintos criterios clasificatorios. Gronn (2002) distinguió entre patrones holísticos, que suponen interdependencia y coordinación entre diversos líderes que comparten objetivos, y patrones aditivos, que no suponen alineamiento estratégico alguno. Además, los patrones holísticos pueden adoptar, según él, tres formas: colaboración espontánea -grupos de individuos que se coaligan para juntar su experiencia y alinear sus conductas mientras dura una tarea y luego se desintegran-; relaciones intuitivas de trabajo -individuos que trabajan y se relacionan juntos de una manera más sistemática-; y práctica institucionalizada - estructuras formalizadas de trabajo colaborativo-. Anderson, Moore y Sun, (2009) encontraron también dos patrones, uno que abarcaba todo el ámbito escolar (school-wide) y otro relativamente circunstancial y referido a actividades específicas (goal-specific) Por su parte Spillane (2006) distinguió tres disposiciones para distribuir las responsabilidades: división del trabajo -diferentes líderes realizan por separado distintas tareas-, co-liderazgo o líder-plus -múltiples líderes realizan juntos tareas vinculadas entre sí; liderazgo en paralelo -múltiples líderes realizan las mismas tareas pero en contextos diferentes-. A su vez identificó tres tipos de co-liderazgo: en colaboración -dos o más líderes realizan conjuntamente la misma práctica en el mismo contexto-, colectivo -dos o más líderes realizan tareas independientes en diferentes contextos para conseguir los mismos fines- y distribución coordinada -acciones independientes de dos o más líderes realizadas de manera secuencial-. La tipología que proponen Leithwood et al (2007) se organiza alrededor de tres patrones: (1) alineamiento planificado, (2) alineamiento espontáneo, (3) desajuste espontáneo, y (4) desajuste anárquico. En su investigación establecieron cuatro hipótesis: (a) que los dos primeros contribuyen por igual a la productividad organizativa a corto plazo y más que los otros dos; (b) que el alineamiento planificado contribuye más que los demás a la productividad a largo plazo; (c) que los dos últimos tienen efectos negativos sobre la productividad organizativa, tanto a corto como a largo plazo; y (d) que los miembros de la organización asociados a (2) y (3) pueden ser atraídos hacia el alineamiento planificado con más facilidad de lo que pueden serlo los miembros asociados al desajuste anárquico. En la clasificación anterior puede verse claramente una orientación prescriptiva, señalándose uno de los cuatro patrones como el ideal. No ocurre así en la tipología de MacBeath (2009) que identificó seis patrones de distribución del liderazgo en las escuelas: formal, pragmático, estratégico, incremental, oportunista, y cultural. Lo más interesante es que MacBeath piensa que el liderazgo existe bajo diferentes sistemas de actividad (activity systems) y que los líderes más exitosos operan con todas ellas, en alguna medida y combinación que se ajusta adecuadamente a su propio sistema de actividad, es decir, tanto a la situación como al estadio de desarrollo de la escuela. En una línea similar, que elude la búsqueda de un patrón de liderazgo ideal, Gronn (2009) sugiere el concepto de hibridación como una posible evolución del liderazgo en las escuelas, un concepto que ya usaron Day, Gronn y Salas (2006). Gronn entiende que el liderazgo en la práctica debe ser considerado focalizado y distribuido, a la vez y alternativamente, antes que distribuido. La razón es que en una misma escuela hay periodos y contextos en que el liderazgo tiende a concentrarse y otros en los que tiende a distribuirse, es decir, que ambos esquemas o patrones tienden a co-existir. Con este concepto, Gronn (2009: 18) trata de hacer de abogado de "una comprensión más naturalista y orgánica del liderazgo" y basa su enfoque en el concepto de emergencia: los cambios pueden ocurrir mediante planes y acciones deliberados, pero también pueden emerger a partir de "las consecuencias no intencionadas e imprevistas de numerosas decisiones y acciones acumuladas previamente, o incluso de la inacción de parte de los agentes implicados". Esta posición, que nos recuerda al concepto de ecología de la acción en Morin (1998: 115) entronca a Gronn con la tradición sistémica, sin que él lo mencione explícitamente. Del mismo modo, la justificación que encuentra en la evolución del liderazgo educativo hacia formas cada vez más híbridas estaría ligada a la perspectiva de los sistemas complejos que hemos expuesto en otros lugares (López Yáñez, 2003; 2005a; 2005b; 2007): se trataría de un modo de gestionar la incertidumbre y la complejidad creciente de la tarea en las organizaciones actuales y, especialmente, en las educativas. En este sentido sólo recordaremos brevemente que desde la perspectiva de Luhmann (1998a; 1998b) los sistemas están obligados a aumentar su complejidad interna para afrontar la complejidad creciente de sus entornos. Por tanto, la adopción por parte de las organizaciones de estructuras y relaciones ad-hoc supone un intento de maximizar los medios de creación de conocimiento organizativo, en este caso mediante el desarrollo de sinergias que aprovechen de manera más eficaz los conocimientos y habilidades de sus miembros. Es decir, la emergencia de patrones híbridos de liderazgo obedecería a una deriva de los centros escolares hacia la búsqueda o conformación de una inteligencia colectiva que asegure el aprendizaje organizativo. También Hargreaves y Fink (2008: 114) y Harris (2008) han señalado que la extensión del liderazgo por todo el centro es una de las claves necesarias para conformar una comunidad profesional de aprendizaje. En definitiva, esas nuevas configuraciones de la división del trabajo y del liderazgo en las organizaciones educativas pueden verse como "los equivalentes funcionales de los nodos de una red de un sistema cognitivo integrado ocupando un espacio infinito de información" (Gronn, 2009: 36). Sin embargo, los estudios sobre el liderazgo en las organizaciones educativas tienen aún una asignatura pendiente que, sólo en parte, comienza a considerar la perspectiva del liderazgo distribuido. Se trata de la inserción del análisis del liderazgo en una perspectiva más amplia y más compleja sobre la forma que adopta el poder en las organizaciones (Busher, 2006; Gordon, 2002). En efecto, el silencio en torno al poder es endémico en la teoría organizativa. La tendencia ha sido la de situar al poder en oposición a la autoridad, reforzando así la distinción clásica entre la organización formal y la informal; y la de elaborar una concepción causal del poder (A tiene poder para que B haga algo) que descansa en la posesión de recursos valiosos en un determinado contexto, y que es consistente con la epistemología positivista que busca explicar los hechos en términos de las relaciones objetivas que mantienen entre sí. Además, al definir el poder como algo disfuncional o irracional, que se opone a la autoridad y la jerarquía necesarias para el mantenimiento del orden, los discursos funcionalistas han reforzado la idea de que éstas representan el estado natural y necesario de las cosas, trasladando cualquier consideración sobre el poder a los márgenes de la vida organizativa en lugar contemplarlo como un elemento nuclear de la misma (Clegg et al, 2006). Parecería razonable esperar, por tanto, que el análisis del poder se instalara como un elemento central de las interpretaciones sobre los procesos a través de los cuales tiene lugar la dispersión o distribución del liderazgo (Ray, Clegg y Gordon, 2004). También deberíamos esperar quizás que la perspectiva del liderazgo distribuido nos condujera a una reflexión más profunda sobre las barreras y las posibilidades que se abren para un funcionamiento más democrático de los centros educativos (Hatcher, 2005; Woods, 2004). Sin embargo, hasta la fecha esta perspectiva suele agotarse en el reconocimiento de que las estructuras actuales de las organizaciones educativas o ciertas dinámicas micro políticas no facilitan la distribución del liderazgo (Harris, 2004). En todo caso, lo que sí tenemos –y no debemos despreciar su valor- son evidencias empíricas sobre algunos de esos escollos que se pueden presentar en el establecimiento en la práctica de un liderazgo más distribuido. Como ha señalado Timperley (2009) los docentes líderes pueden ser vulnerables en tanto que no tienen autoridad, poder formal, y por tanto puede ser menospreciado por sus propios compañeros. Uno de los retos en este sentido es integrar la aceptación de los seguidores con la pericia (expertise) de dichos docentes que asumen liderazgo de procesos, ya que puede que los más aceptados no sean los más expertos. Además la micro política puede reducir la aceptabilidad de algunos expertos. Por otro lado, como han apuntado Firestone y Martínez (2007: 25) a los profesores líderes hay que colocarlos en una posición en la que sus compañeros puedan confiar en ellos. Si por el contrario se les encargan muchas tareas de supervisión o de control, no podrán conseguir esa confianza y su liderazgo será puesto en entredicho. Además, el liderazgo distribuido no representa algo más cómodo sino más exigente para los líderes formales. Se requiere que coordinen y supervisen todo ese liderazgo más disperso, que desarrollen capacidades en los seguidores para ejercer dicho liderazgo, y que proporcionen la retro-alimentación adecuada en relación a los esfuerzos de aquellos (Leithwood et al, 2007). En definitiva, distribuir el liderazgo no es una prescripción buena en sí misma y sí un asunto arriesgado que sólo se justifica con las condiciones adecuadas y si la calidad de las actividades de liderazgo contribuye a que los docentes proporcionen una enseñanza más eficaz a sus alumnos (Spillane y Diamond, 2007; Timperley, 2009). En todo caso, como afirma Harris (2008: 118), el del liderazgo distribuido es actualmente un concepto "teóricamente rico y empíricamente pobre", por lo que hay un amplio consenso dentro del campo acerca de la necesidad de más investigación empírica que profundice en aspectos aun débilmente conocidos. Por ejemplo: ¿Cuáles son los procesos mediante los que se distribuye el liderazgo?; ¿Qué diferentes formas adopta esa distribución? (MacBeath, 2009); ¿Cómo se pueden desarrollar formas eficaces o productivas de distribución del liderazgo?; ¿Qué clase de intervenciones podrían propiciar la emergencia de patrones más coordinados de distribución?; O bien ¿bajo qué condiciones o en qué etapas del trabajo escolar es mejor aumentar la distribución del liderazgo que mantener el control en manos de los líderes formales? (Leithwood, Mascall y Strauss, 2009: 280). Esta búsqueda no puede ser más necesaria en la actualidad puesto que como la propia Harris (2008: 23) ha señalado "las organizaciones contemporáneas necesitan la colaboración y el trabajo en equipo a una escala nunca requerida antes".

2. El IES Diego Velázquez El IES 'Diego Velázquez' está situado en un barrio deprimido socioculturalmente de Sevilla en el que existen algunos sectores en grave riesgo de exclusión social. De esos sectores procede un volumen importante de alumnado que se puede calificar de difícil y conflictivo. También cuenta con un grupo amplio de alumnos con necesidades educativas especiales y, en algunos casos, con síndromes poco habituales. Abunda entre el profesorado la idea de que el instituto es el encargado de recoger a un tipo de alumnos que en otros institutos "sobra" o incomoda. El centro ofrece solamente Educación Secundaria Obligatoria (ESO), no Bachillerato, y para ello cuenta actualmente con una plantilla de 32 profesores que atiende a unos 180 alumnos. Sus instalaciones consisten en dos edificios próximos unidos entre sí por un patio. Durante los últimos cursos ha ido dotándose de un equipamiento adecuado, merced fundamentalmente a su reciente incorporación a la red de centros TIC. Ello ha permitido la dotación de aulas con ordenadores para uso de los alumnos. Aunque el centro tuvo la oportunidad de adscribirse como centro TIC durante el curso escolar anterior, cierto sector del profesorado se opuso –y logró movilizar a otro grupo indeciso- alegando que las características del alumnado no hacían aconsejable la adquisición de material informático nuevo. Comentamos aquí este dato porque es un buen ejemplo de las distintas

mentalidades docentes que se dan cita en el centro, algo que comentaremos más adelante. La colaboración de las familias de los alumnos es escasa, debido fundamentalmente a una evidente falta de cultura escolar. En muchos casos se trata de familias con experiencias de fracaso escolar y con un consiguiente sentimiento de frustración y de rechazo hacia la escuela. En los últimos años, sin embargo, parecen reconocerse atisbos de una mayor colaboración por parte de padres y madres. a) La innovación en el centro Para comprender cabalmente la situación actual de la innovación en el centro hay que rastrear en su corta historia. El IES Diego Velázquez se pone en funcionamiento durante el curso escolar 2003/2004 a partir de un antiguo CEIP. Conscientes las autoridades educativas del contexto difícil en el que se ubica, encargan dicha refundación a un director carismático y muy reconocido, al que le dan la potestad de elegir un equipo directivo de su confianza. Éste reclama a una buena profesional y amiga suya, con la que comparte una misma filosofía educativa, la cual lo acompañará todo el tiempo en el equipo directivo, los tres primeros años como secretaria y los dos siguientes como jefa de estudios. El secretario actual es otro profesor de reconocida trayectoria que llega al centro por concurso ordinario, al contrario que los anteriores que lo hacen en comisión de servicios. Sin embargo, sólo es a partir del segundo año (curso escolar 2004/05) que el centro comienza a funcionar en las instalaciones que actualmente ocupa, pues durante el primero las instalaciones aún no se encuentran acomodadas a la etapa de educación secundaria, y el instituto debe asentarse provisionalmente en otro centro, con el que comparte las instalaciones. Durante ese primer curso todo el profesorado es nombrado provisional, a excepción de tres maestros que venían con destino definitivo, entre ellos el actual secretario, que se incorpora a ese puesto a finales del segundo curso.

Ese primer curso es recordado como un periodo especialmente duro. Además de las precarias condiciones físicas y probablemente condicionados por ellas, se encuentran con una mayoría del alumnado instalada "en la disrupción permanente". El equipo directivo tiene grandes dificultades para controlar la situación, apremiado por todas las tareas administrativas y de gestión que conlleva la puesta en marcha de un nuevo centro. El resultado fue que el curso finalizó con un 43% de repetidores, más de ochocientos setenta partes de incidencias, un alto índice de absentismo escolar y un número considerable de expulsiones por destrozos en el mobiliario. Sin embargo, quizás por todas estas dificultades, la cohesión del profesorado y el clima de trabajo eran muy positivos -"éramos más piña"- pese a que la mayoría estaba allí de paso. La desastrosa experiencia de ese primer año movilizó al equipo directivo para elaborar un Plan de Compensación Educativa que aún hoy constituye la piedra angular y la base ideológica sobre la que descansa la innovación en el centro. El propósito de este plan es "lograr una escuela más inclusiva". Para ello, una de las medidas básicas que contempla es la reorganización de los profesores de apoyo para que puedan "salir de sus aulas, despachos y gabinetes" y estar presentes en el aula ordinaria colaborando con el profesor correspondiente. Consecuentemente los alumnos son agrupados bajo los principios de heterogeneidad -de género, capacidades, comportamiento, actitudes, etc.- y de atención a la diversidad sin segregación. En este sentido, y de acuerdo con el director, "si hay algo que nos caracteriza en relación con otros centros es que aquí ni diagnosticamos ni clasificamos: actuamos. Eso quizá sea lo más innovador". No obstante, se trata de un aspecto controvertido que genera conflictos con ciertos sectores del profesorado y de las familias. Sobre la base de esa premisa fundamental en el centro se desarrolla una serie de prácticas verdaderamente innovadoras: • Un tratamiento de los problemas de disciplina que trata de ser integrador más que punitivo, de tal manera que la expulsión, por ejemplo, se reserva para casos muy excepcionales y períodos muy cortos. Se trata de recuperar a un alumnado siempre a punto de la deserción real o virtual del centro y del aprendizaje. • El trabajo en 'grupos interactivos'. Se trata de pequeños grupos heterogéneos de alumnos en los que se realiza una actividad concreta bajo la tutela de varios adultos voluntarios. La dinámica habitual de los grupos interactivos implica la división del tiempo total de la clase en cuatro partes, de manera que el aprendizaje a realizar se divide también en cuatro tipos de actividades. Así, cada grupo de niños y niñas va cambiando de mesa, de tutor/a y de actividad aproximadamente cada veinte minutos. Si bien las actividades de cada grupo son diferentes, todas ellas se desarrollan bajo una temática común. • Otra medida –en la cual son pioneros- fue denominada 'doblaje del profesorado' y consistía en la presencia simultánea de dos enseñantes por hora lectiva, como alternativa a dividir el grupo en dos para hacerlo más manejable. Para ello, el Claustro acordó hace dos años elevar de 18 a 20 las horas lectivas. Con esta medida se pretende evitar la segregación en grupos por niveles de dificultad, mejorar la atención a cada alumno, agilizar la tarea de preparación de los materiales de clase, así como contar con más de un punto de vista sobre la marcha del aula y sobre la evaluación del alumnado. • La integración en redes educativas (Atlántida, Comunidades de Aprendizaje

• El esfuerzo por convertir la participación del alumnado y las familias en algo real, no simbólico o "cosmético", aunque este aspecto se reconoce que sigue siendo una asignatura pendiente. La participación se incentiva mediante la promoción de figuras como los tutores de familia en cada aula (un padre y una madre); o la entrada del alumnado en las juntas de evaluación (participación de los representantes del alumnado al comienzo de las sesiones de evaluación). • El esfuerzo por construir un centro coeducativo. Para ello se intenta garantizar, por ejemplo, la paridad en las elecciones de delegado de aula. En los cuatro años de funcionamiento "real" del centro (excluyendo el primero) se han puesto en marcha los siguientes proyectos: "Escuela, espacio de paz", Plan de acompañamiento escolar, Programa "El deporte en la escuela", así como el mencionado Plan de Compensación Educativa, en torno al cual gira el resto de proyectos e iniciativas. En la actualidad se está elaborando el Plan de Convivencia. Lo cierto es que la situación ha mejorado sensiblemente respecto a aquel primer annus horribilis. Los problemas de disciplina han pasado a convertirse en un asunto focalizado en determinados alumnos y grupos. Las mejoras en el funcionamiento del centro y el rendimiento del alumnado son notables: las expulsiones han pasado del 69% del total del alumnado, al 14% en el curso anterior; el número de repetidores ha descendido de un 43% a un 27%; la primera promoción de ESO, que salió el curso pasado, se ha saldado con 45 titulados de un total de 54 alumnos y alumnas, de los que un porcentaje elevado ha continuado sus estudios de bachillerato. Estos fueron los argumentos por los que el Diego Velázquez fue elegido como caso para nuestra investigación, pese a que por su corta historia institucional supiéramos que sería difícil contemplar innovaciones que se hubieran sostenido a lo largo del tiempo. Realmente llevaban razón los asesores consultados al señalarlo como la sede de las propuestas –en conjunto– más innovadoras que conocían. Sin embargo el valor que este caso tuvo para nosotros fue precisamente el de comprobar que algunas de las bases que estaban garantizando la sostenibilidad de la innovación en otros centros aquí no aparecían. Ese contraste nos ayudó a identificar con más claridad algunos aspectos decisivos que garantizan dicha sostenibilidad, aunque en este artículo sólo comentaremos los que tienen que ver con el liderazgo. b) ¿Liderazgo para el cambio? El rasgo –y, como veremos, el problema- fundamental de la innovación en el Diego Velázquez es que descansa en un 95% sobre las espaldas del equipo directivo. Para empezar, el propio director parece el principal responsable de esta configuración, sosteniendo una visión muy personalista de lo que no duda en calificar como "su" proyecto educativo: "Es mi proyecto educativo. Otra cosa es que después haya coincidido con compañeros y compañeras con el mismo proyecto. Pero es un proyecto educativo que no sale de la nada; sale del estudio, de la investigación y de haber dedicado horas a la formación". También un amplio sector de profesores percibe el Plan de Compensación como "el plan del director". Así pues, el director ejerce un liderazgo de tipo carismático y sobre una base de poder esencialmente ideológica. Los argumentos bajo los cuales se lleva a cabo la mayor parte de las iniciativas se refieren a la defensa de la filosofía educativa que subyace al Plan de Compensación. En esta estructura de poder, el director representa el papel de ideólogo y promotor de iniciativas, a menudo arriesgadas y sin calcular la acogida que tendrán o las dificultades que encontrarán. Por su parte, la jefa de estudios y el secretario serían los que se encargan de ponerlas en acción, tratando de reunir el mayor número de apoyos posibles; tarea nada fácil cuando las iniciativas se ponen en marcha sin asegurarse antes el consenso suficiente. Esta es la razón quizás por la que parte del profesorado percibe al director como poco accesible, encerrado en la torre de marfil de su misión y de las innumerables tareas que ésta conlleva. Incluso algunos de los que se alinean con su proyecto señalan un déficit de participación y de "cintura negociadora" para escuchar a los no alineados. Por otro lado, este liderazgo focalizado y personalista es ejercido sobre una plantilla bastante heterogénea de profesores. Al menos en dos sentidos: el que distingue a los de primaria y a los de secundaria por un lado –con culturas profesionales y formación de base sensiblemente diferentes- y el que distingue a los que piensan quedarse en el centro una temporada y los que piensan marcharse en cuanto puedan. Adicionalmente, en relación a la filosofía y el proyecto del centro estarían los que los comparten, los que se oponen y –la mayoría- los indiferentes o adaptativos. Algo similar percibe el director, sólo que con diferentes etiquetas (y ya sabemos la importancia que el modo en que definimos los problemas tiene en su resolución). Para él estaría el grupo "proyectista" en el que encuentra apoyo, el "inmovilista" u "obstruccionista" (también referido como los "dinosaurios") que en su opinión piensa que "cualquier tiempo pasado fue mejor", y finalmente el grupo "adaptativo", que asume el proyecto y participa en él, entiende, más por acomodación que por una auténtica identificación con las ideas y valores que lo sustentan. El tratamiento que se da a los asuntos relacionados con la disciplina es el caballo de batalla entre estos grupos, cuya confrontación, no obstante, no suele llevar al centro a un nivel de crispación insoportable. Es decir, los grupos en liza parecen autorregularse en cuanto a sus acciones micropolíticas hasta el punto de que 'la sangre no llegue al río'.

Aunque no con las mismas etiquetas que el director, una gran parte del profesorado percibe también la existencia de estos tres sectores. El grupo opositor piensa que hay una excesiva focalización en los alumnos más problemáticos -una minoría, aunque muy visible- lo cual va en detrimento de la atención prestada al resto del alumnado y especialmente del sector que presenta dificultades moderadas de aprendizaje. Reclaman mayor "eficacia sancionadora" por parte de la dirección, critican lo que juzgan como actitud "paternalista" hacia el alumnado problemático y muestran un cierto sentimiento de desprotección por lo que califican de postura excesivamente condescendiente con dicho alumnado. Por otro lado, la acción directiva en el Diego Velázquez se topa curso a curso con el problema de la alta rotación que experimenta la plantilla de profesores. Hay que considerar que ésta se renueva cada curso en una proporción de más de un tercio. Además, buena parte del profesorado que se incorpora lo hace de forma transitoria, normalmente para un solo curso escolar: "es un claustro poco asentado, mucha gente sabe que el año que viene no va a estar y no quiere complicarse la vida. Es un instituto todavía por hacer". A esto se añade que muchos desconocen las características del alumnado al que deben atender, de modo que su incorporación suele ir acompañada de un choque con la realidad bastante traumático. A pesar de ello, no parece que el equipo directivo preste a la socialización del profesorado de nuevo ingreso la atención que requeriría para lograr su incorporación a la filosofía de trabajo del centro. Alguien nos refirió la metáfora que había oído acerca del centro como "un barco que no va a cambiar el rumbo porque cada año vengan nuevos pasajeros". Por otro lado, uno de los profesores entrevistados, tras comentarnos sus traumáticos primeros meses en el centro y relatarnos la soledad con la que vivió este proceso, se quejaba de que en las reuniones de claustro no se hubiera explicado el enfoque del centro sobre los problemas de disciplina. "Aquí se ha hablado poquísimo de los temas de disciplina, y cuando se ha hablado es porque lo hemos sacado el profesorado cuando ha habido situaciones de verdadero conflicto". De todo lo anterior resulta que la práctica diaria en el centro es bastante más heterogénea y ambigua de lo que el Plan de Compensación Educativa procura. Muchas de las prácticas innovadoras no se encuentran generalizadas, ni mucho menos. Tanto los grupos interactivos como la doble docencia se llevan a cabo sólo en algunas materias, especialmente en el primer ciclo.

Es cierto que, en este aspecto, la disposición del profesorado para abrir su clase a otros colegas ha mejorado. No obstante, no todos parecen sostener una misma concepción de esta práctica. Así, mientras algunos la contemplan como un proceso de colaboración y aprendizaje compartido, otros la restringen a una estrategia de gestión del aula, en la que "alguien controla la situación para que yo pueda explicar la materia". Todas las controversias expuestas hasta aquí tienen sin duda el efecto de comprometer severamente la sostenibilidad del conjunto de cambios –realmente innovadores, profundos y necesarios- que figuran en la agenda del centro y en especial de su equipo directivo. Desde nuestro punto de vista, una práctica del liderazgo excesivamente focalizada, personalista e ideológica es la principal responsable del peligro cierto que corre la innovación emprendida por el Diego Velázquez. Efectivamente, la fuerte "ideologización" del proyecto de centro contrasta, sin embargo, con la debilidad del trabajo colectivo y de discusión de las ideas que garantizaría una adopción activa del proyecto. El proyecto y la concepción educativa subyacente se pueden aceptar o rechazar, pero raramente se debaten o negocian. Este tratamiento de la doctrina del centro como una especie de tótem al que hay que adorar, bajo castigo de exclusión simbólica, tiene el efecto de impedir que en un sector importante del profesorado se desarrolle el sentimiento de afiliación o pertenencia que facilitaría un cambio de actitudes. La ausencia de una política decida de comunicación que explique las iniciativas innovadoras termina por consagrar la ruptura entre apocalípticos e integrados bajo la cual ningún cambio puede sostenerse mucho tiempo. Cuando antes hablábamos del peligro que corre la innovación en el Diego Velázquez, jugábamos con ventaja: sabemos que ese peligro se ha materializado al finalizar este curso. La situación llegó a hacerse lo suficientemente incómoda como para que el equipo directivo al completo haya pedido traslado a otro centro. Ojalá esto no lleve a que se cumpla la profecía de uno de nuestros informantes: "Cuando M. se vaya de aquí y suban los sectores reaccionarios, esto será un instituto como otro cualquiera, donde la gran mayoría de los alumnos estarán en sus casas, expulsados un mes, expulsados otro mes, y otro mes..." 3. El CEIP Altagracia Para encontrar una descripción del centro y de sus procesos de innovación véase Sánchez Moreno y Lavié Martínez, en este mismo número monográfico. A continuación revisaremos directamente la práctica del liderazgo en el centro. a) El liderazgo y el poder de la cultura en el CEIP Altagracia Este centro se caracteriza por haber tenido direcciones que permanecieron largos periodos de tiempo en la gestión del centro. Concretamente, durante los últimos veinte años han pasado tres directores por el centro (durante los periodos 1988-1992, 1992-2004 y 2004- 2008 respectivamente) y al menos dos de ellos fueron jefes de estudio en el equipo directivo inmediatamente anterior. Por tanto, se llega a la dirección con la experiencia y el conocimiento de alguien que tiene una amplia trayectoria en el centro. El actual equipo directivo del Altagracia lleva unos cuatro años en la dirección. También ellos, tanto el director como la jefa de estudios habían ocupado puestos de gestión, bien en este mismo centro o bien en otros. El Director centra fundamentalmente sus actividades en las relaciones con los padres, con la administración y con los compañeros. En cierto modo observamos que adopta un rol que habitualmente adoptan en los centros educativos de infantil y primaria el jefe o la jefa de estudios. Parece que él se muestra muy próximo a los compañeros y concita la confianza de éstos. Sin embargo, la cultura dirige el Altagracia al menos en la misma medida que la acción directiva. Por eso no podemos analizar la una sin la otra. El Altagracia es un centro con una cultura fuerte y asentada, al tiempo que con una línea pedagógica muy consolidada. El rasgo fundamental de la cultura es la importancia concedida a la profesionalidad y al trabajo bien hecho. Ello comporta además un componente meritocrático, pues lógicamente son los profesores veteranos –el núcleo duro institucional- los que acumulan mayor experiencia y prestigio profesional, así que tienen más posibilidades de hacer bien las cosas. En efecto, la lógica de acción predominante en este centro es de carácter profesional y meritocrático, basada en un alto nivel de autoexigencia, y en una valoración de la experiencia, de la profesionalidad y del cumplimento de las tareas por encima de todo. Los docentes del Altagracia se consideran muy profesionales y comprometidos con su trabajo. Todo se organiza y se arropa bajo el manto de la coordinación técnica y la planificación estratégica. EL ETCP -Equipo Técnico de Coordinación Pedagógica- tiene bastante capacidad de decisión aquí. En realidad las decisiones recorren un camino de ida y vuelta, desde los ciclos al ETCP viceversa. Cuando los acuerdos y propuestas están maduros se llevan al claustro de profesores, que en la mayoría de los casos, ratifica los acuerdos tomados en el ETCP. Por lo tanto, la coordinación a través del ETCP garantiza el predominio de los criterios técnicos por encima de cualesquiera otros (prerrogativas legales, intereses profesionales o micropolíticos, etc) al tiempo que confiere agilidad al proceso. Así las cosas, el centro funciona como un engranaje bien engrasado. Creemos que a esta situación ayuda la procedencia de los alumnos, cuyas familias poseen un nivel socioeconómico medio y un interés por los asuntos relacionados con la educación de sus hijos. Ello proporciona al equipo docente la posibilidad de centrar sus esfuerzos en los asuntos pedagógicos. La otra gran contribución es la que realiza el equipo directivo con su implicación y una orientación hacia el liderazgo distribuido, que se hace posible gracias a la cultura de colaboración entre el profesorado y a una gran confianza mutua. El clima o ambiente organizativo es una de las más claras prioridades del actual equipo directivo. Y aunque existen voces con sensibilidades que difieren de la línea o cultura dominante, éstas se encuentran integradas en la trama social de la organización y no observamos tensiones relevantes. Sin embargo, no hay que desdeñar tampoco la influencia que ejercen las familias de los alumnos, pese a que la consideración que reciben de parte de los docentes no es unánime. Hay un sector de profesores a los que les gusta tener a los padres muy cerca, departir con ellos en los momentos previos al inicio de las clases e intercambiar opiniones, mientras que otro grupo de profesores prefiere mantener cierta distancia con ellos. En todo caso, predomina la tendencia a la apertura hacia las familias y la búsqueda de su implicación, a la cual éstas responden positivamente por lo general. Ello queda reflejado en el papel activo que desempeña la AMPA. En todo caso la transformación desde una cultura pedagógica más tradicional –de la que aún conserva ciertos rasgos- a otra más colaborativa y abierta al entorno, parece haber sido uno de los logros fundamentales del centro en los últimos años. Esta cultura enfatiza el trabajo colaborativo, la responsabilidad en la ejecución de las tareas, la coordinación y la preocupación por crear un buen ambiente de trabajo y de convivencia en el centro. 4. El IES Eurídice El IES Eurídice pertenece a una población de algo menos de 19000 habitantes situada en una zona de cultivos extensivos cercana a la capital de la provincia. Su economía se ha basado tradicionalmente en la agricultura y, más recientemente, en la construcción y en una incipiente industria agroalimentaria y metalúrgica. Pese a esto último, todavía una parte importante de la población activa es agraria, jornalera y eventual, azotada por largas temporadas de desempleo y, por tanto, parcialmente subsidiada. A este sector pertenece la mayoría de las familias que atiende este centro, las de más bajos recursos de los tres institutos de la localidad. El instituto se ubica en tres edificios conectados entre sí por pasillos interiores. Fue inicialmente un centro de E.G.B. al que luego reformaron para convertirlo en un Instituto de Enseñanza Secundaria que oferta exclusivamente la etapa obligatoria. Este hecho ha provocado que habitualmente sea menos solicitado que los otros dos institutos, que cuentan uno de ellos con Bachillerato y el otro con Formación Profesional (de hecho muchos aún lo llaman colegio) Sin embargo, esta situación ha ido cambiando últimamente, debido al esfuerzo realizado en cuanto a la comunicación con las familias y a la variedad y calidad de las iniciativas innovadoras que ha puesto en marcha. El centro está bien dotado en cuanto a infraestructuras, aun contando con que no dispone de gimnasio cubierto. Como centro TIC cuenta con el 50% de las aulas -así lo solicitaron- con ordenadores cada dos alumnos/as y material informático suficiente. El patio es grande, pero su distribución irregular, lo que dificulta la vigilancias de los recreos. Las pistas deportivas no están en buenas condiciones y, a veces, resultan insuficientes. El resto de instalaciones están en buen estado, y tanto las paredes de los espacios comunes, como de los pasillos y aulas están decoradas con trabajos producidos en el centro, así como por otros elementos decorativos como carteles, fotografías y plantas. La plantilla del centro está formada por 38 profesores, incluyendo el equipo directivo y la profesora de religión. Además cuentan con 1 Auxiliar Administrativo, 3 Conserjes y un monitor de educación especial. El número total de alumnos y alumnas (curso 2007/2008) es de 363, 33 de los cuales están diagnosticados con algún tipo de necesidad educativa especial. Sólo un pequeño porcentaje de alumnos presenta conductas disruptivas, aunque el funcionamiento del centro se ha resentido por ello en algunas ocasiones. El hecho de que no cuente con enseñanza secundaria post-obligatoria contribuye a aumentar la movilidad del profesorado, que busca otros destinos más cercanos a la capital o que sí cuenten con bachillerato y/o formación profesional. No obstante hay un núcleo de profesorado estable en el centro –en el que se incluye la directora- del que depende en gran medida el desarrollo de los proyectos del centro. a) La innovación en Eurídice El instituto cuenta con el Programa de Garantía Social "Técnico Auxiliar de Mantenimiento Básico de Edificios", con un Programa de Diversificación Curricular y un Plan de Autoevaluación y Mejora. Este plan adopta un enfoque prioritario hacia la atención a la diversidad, el aprendizaje de los alumnos para evitar y paliar el retraso escolar, sus habilidades sociales, la motivación para reducir la apatía y el absentismo esporádico, la reducción de la indisciplina mediante actuaciones que favorezcan la integración social, y la implicación de las familias en la vida escolar. Ya que la ratio de las clases era inmodificable, una de las iniciativas más importantes del plan ha sido la constitución de grupos flexibles en las áreas de lengua y matemáticas, para poder prestar más atención a los alumnos que necesitaban un refuerzo en su aprendizaje y reducir así el abandono. El Plan se coordina a través de un Equipo de Mejora que cuenta con un coordinador elegido rotativamente. Se suele reunir una vez al mes, para realizar el seguimiento de las acciones previstas. Al mismo tiempo, el centro está adscrito al Programa Escuela Espacio de Paz –que incluye el desarrollo de la participación de toda la comunidad educativa, así como la mejora de la convivencia y la prevención y resolución pacífica de conflictos- y es un Centro TIC. Esto último contempla, no sólo la integración de las tecnologías de la información y la comunicación en la organización del aula y el desarrollo curricular, sino, además, la aplicación de dichas tecnologías a la gestión del propio centro, la administración electrónica y la participación de la comunidad educativa. En definitiva, el centro ha venido trabajando de manera prioritaria en dos grandes líneas: convivencia y diversidad, que están presentes en todos los planes y proyectos y que se han convertido en sus señas de identidad. El equipo de orientación colabora estrechamente con el equipo directivo en algunas iniciativas relacionadas con los aspectos citados: coordinación con los centros de primaria adscritos al IES para conocer el alumnado que van a recibir y agruparlos adecuadamente; desarrollo de un Plan de Acción Tutorial elaborado con la participación de todos y seguimiento del mismo mediante reuniones sistemáticas con los tutores; reuniones periódicas con las familias; y un seguimiento continuado del alumnado. Por otro lado, el instituto colabora también en un proyecto conjunto con los demás centros educativos de la localidad denominado "Construyendo la convivencia" en el que participan además representantes del Ayuntamiento, del Gabinete de Paz de la Delegación de Educación, del Centro del Profesorado de referencia y del Equipo de Orientación Educativa de la zona. Otro proyecto con agentes externos al centro, en concreto con personal sanitario del Centro de Salud de la localidad, se llama "Asesoría Forma-Joven" y se dirige a la prevención e intervención en los ámbitos de salud mental, adicciones y educación afectivo-sexual. Los resultados más satisfactorios se han producido en las situaciones de acoso escolar, así como en las relaciones entre iguales y de pareja. También se han realizado sesiones específicas con las familias en relación a los problemas citados. Finalmente, también hay que citar el programa "Deporte en la Escuela" en colaboración con el Ayuntamiento, bajo el cual se organizan actividades deportivas después de la jornada escolar en las que viene participando una media de 70 alumnos y alumnas cada curso académico. Por último, otro de los proyectos que funcionan en el instituto es el de "Jóvenes emprendedores solidarios". Se trata de un programa de fomento de la cultura emprendedora y de la solidaridad entre el alumnado de Secundaria, mediante el que los alumnos y las alumnas crean y gestionan una asociación con la finalidad de realizar una labor de concienciación en su entorno, al tiempo que obtienen fondos para colaborar en los proyectos de interés social desarrollados por alguna de las ONG participantes. La innovación en el Eurídice se desarrolla de manera bastante flexible aunque coordinada. Por flexible queremos decir de manera no sometida rígidamente a planificación. Una planificación que aquí se entiende más como hoja de ruta o guía orientativa que como una lista de control que haya que cumplimentar. En cuanto a la coordinación no siempre se sigue un mismo protocolo, ni participan los mismos órganos, aunque se considera incuestionable el protagonismo del claustro en la decisión final. En el caso de las iniciativas que parten del equipo directivo, éste las presenta sucesivamente a los departamentos, el claustro y, en su caso, el consejo escolar. Con respecto a las promovidas por los departamentos, el equipo técnico de coordinación pedagógica es el encargado de reunirlas, estudiarlas y de proponer un procedimiento para que sean debatidas por el resto, aunque la última palabra se reserva para el claustro y/o el consejo escolar. En todo caso, la opinión unánime es que las diferentes unidades organizativas gozan de bastante autonomía para ajustar lo planeado a las condiciones contextuales. En este sentido, el papel de los coordinadores de los proyectos es clave para mantener esta cohesión débilmente articulada, haciendo más de animadores, proveedores de información, de recursos, consejeros, etc, que de supervisores. En particular, se espera que los coordinadores entreguen cosas (recursos) a los demás profesores, como materiales o métodos, casi listos para que ser usados por los demás compañeros, así como una orientación lo suficientemente precisa para guiar la puesta en práctica en el aula. Esto propicia un flujo continuo de materiales pedagógicos que son probados y refinados a todo lo largo y ancho de la institución. b) Liderazgo El liderazgo de los procesos de innovación corresponde en el Eurídice, sin duda, al equipo directivo y, de manera particular, a su directora. Ella ha sido la primera –y la única directora elegida por la comunidad educativa (dos veces) desde la transformación del centro en Instituto de Enseñanza Secundaria, tras el director accidental que fue nombrado para gestionar dicha transformación y que ejerció durante un curso escolar. Pese a que tiene concedida plaza definitiva en un centro de Sevilla, permanece en el IES Eurídice en comisión de servicio, sencillamente por su compromiso con el centro y la población a la que atiende. El resto del equipo directivo sí ha cambiado a lo largo de estos dos periodos. Se la reconoce como una persona trabajadora, emprendedora, perfeccionista y con una enorme dedicación hacia el instituto y su alumnado. Si algo caracteriza su liderazgo es la variedad de recursos y de bases de poder que puede llegar a movilizar. Uno de ellos es la autoridad, que deja para cuando las vías participativas se han agotado, pero que no duda utilizar llegado el caso. Otro es un conocimiento exhaustivo y un manejo 'oportunista' de la normativa, que esgrime cuando puede contribuir al desarrollo de las innovaciones, o a sortear los trámites burocráticos que las frenan. Por tanto, lo que encontramos en su estilo es una mezcla paradójica pero eficaz entre un liderazgo distribuido, que promueve la participación e implicación de la comunidad, la búsqueda del consenso como primera medida, y un liderazgo más focalizado a partir del uso discrecional de la autoridad y de la aplicación de las normas. Esto refuerza la tesis de Gronn (2009) de que es frecuente que el liderazgo distribuido coexista con el focalizado, por lo que deberíamos de hablar de un liderazgo híbrido. En este sentido, la propia directora plantea la dificultad de conciliar un auténtico liderazgo pedagógico (su reto), con el ejercicio de lo que llama la jefatura de personal del centro, dado que ambos remiten a tipos diferentes de la acción directiva. Por otro lado, en el centro encontramos un grupo de maestros de primaria, adscritos ahora a secundaria, que viven en la localidad, que desempañaron cargos directivos en la etapa anterior del centro, como colegio, que son muy reconocidos por la comunidad y por sus compañeros, y que ejercen una notable influencia. Se trata de un grupo que apoya por lo general al equipo directivo, aunque también son críticos con el mismo en determinadas ocasiones. El otro grupo significativo de profesores es el que llega al centro para estar poco tiempo en él y rota con relativa rapidez. Se da la circunstancia de que la mayor parte de los jefes de estudio y secretarios que han formado parte del equipo directivo junto a la directora actual han pertenecido a esta categoría. Esto se ha debido en parte a la negativa de los profesores veteranos a asumir de nuevo responsabilidades directivas. En todo caso la dirección se esfuerza decididamente por asegurar una incorporación rápida y confortable de los nuevos docentes, para que se sientan como uno más del centro y asuman responsabilidades de acuerdo con ello. El resultado es que abunda entre los profesores el sentimiento de formar parte de un equipo. A ello contribuye una percepción satisfactoria del clima escolar, sin que las diferencias que surgen deriven en enfrentamientos ni luchas por el poder. También la búsqueda sistemática del consenso contribuye sin duda a esta situación. El claustro aparece como un órgano útil y cargado de contenido pedagógico. Este órgano controla la puesta en marcha y el desarrollo de todos los proyectos: escucha las propuestas, elige a los coordinadores, los aprueba, los supervisa, etc. Con él comparten protagonismo en la toma de decisiones el Equipo Técnico de Coordinación Pedagógica, la Junta de Jefes de Departamento y los propios Departamentos. En definitiva, la acción directiva se apoya una cultura fuerte, a pesar de la movilidad de los docentes, cohesionada en torno a un clima favorable y una alta cohesión, logrados mediante un uso sistemático del diálogo, el consenso y un amplio reparto de responsabilidades, reparto del que, tarde o temprano, nadie escapa. Se dan por tanto las condiciones que Mulford y Silins (2009: 141-142) consideran necesarias para el aprendizaje organizativo: un liderazgo transformador y docentes implicados en las actividades del centro, a lo que se une una marcada orientación comunitaria, lo cual significa sensibilidad hacia las necesidades y los valores de la comunidad y relaciones productivas de trabajo con las familias y sus representantes.

5. Conclusiones y discusión Los casos presentados muestran efectivamente la importancia de un liderazgo distribuido como sostén de los procesos de innovación. Y lo muestran precisamente al permitirnos visualizar el contraste entre el centro donde tenemos un liderazgo más focalizado (menos distribuido, por tanto) el IES Diego Velázquez, y los otros dos en los que encontramos un liderazgo clara e intencionalmente distribuido, aunque con matices interesantes. El resultado de ello es otra diferencia también importantísima. Mientras en el Diego Velázquez el proyecto y la línea de innovaciones se circunscriben a sus patrocinadores –el equipo directivo- y a quienes los apoyan, en el Eurídice y en el Altagracia han sido adoptados por una gran mayoría de profesores e incluso por la comunidad educativa. Varias son las barreras que frenan una más amplia distribución del liderazgo en el Diego Velázquez, desde nuestro punto de vista. En primer lugar, un enfoque excesivamente narcisista-visionario de la acción directiva por

parte del director, que se siente legitimado por la autoridad educativa para llevar adelante 'su proyecto'. En este sentido, el contraste es evidente con los casos referidos por Grubb y Flessa (2009) quienes observaron "egos bajos" en los directores de escuelas con modelos alternativos al de un solo director al frente. Además, el discurso de estos directores carecía de referencias que indicaran posesión o mandato sobre su escuela (en inglés "to own / to run"). Otra barrera aparece en la manera en que se presenta el proyecto educativo del centro, como un producto de la ideología y la visión pedagógica del director. Sin duda, la ideología y la visión de un horizonte ideal a alcanzar pueden contribuir a cohesionar a un grupo y a empujarlo a abandonar las rutinas y a lanzarse hacia nuevas metas. Esas visiones estructuran las trayectorias del Altagracia y el Eurídice. Alrededor de la profesionalidad (el trabajo bien hecho) y los logros académicos en el primero, y alrededor de la convivencia y la compensación de las condiciones de desventaja de sus alumnos en el segundo. Sin embargo, un exceso de ideología y, sobre todo, el hecho de que ésta funcione a modo de doctrina oficial que debe ser adoptada por todos, han creado una profunda división en el profesorado. Más aún, les ha llevado a una polarización en la que la ideología opuesta a la del equipo directivo es abrazada por un grupo, quizás con más decisión de la que cabría suponer en otras circunstancias, para convertirla en bandera de oposición a lo que se juzga como una imposición. Por otro lado, vemos que la distribución del liderazgo en Altagracia y Eurídice alcanza también a los docentes de nueva incorporación. Esto se consigue gracias a una política orientada a construir comunidad, a hacer centro, aparentemente no tan exitosa en el primero como en el segundo, ya que en aquél encontramos la sensación entre algunos de los nuevos docentes de que sus opiniones no son tan consideradas como las de los veteranos. De modo similar, los docentes de la etapa de preescolar también tienen la sensación de permanecer al margen en cierta medida. Sin embargo, en Eurídice, los nuevos se involucran en la coordinación de los proyectos, no sólo en su realización. Más aún, es este colectivo el que está asumiendo los cargos de jefe de estudio y de secretario durante los últimos años. Mientras tanto, el núcleo duro del centro, el de los profesores que capitalizan el reconocimiento de la comunidad educativa, colabora críticamente con el equipo directivo al completo. Nada de esto ocurre en el Diego Velázquez; la planeación y la coordinación de los proyectos está en las manos del equipo directivo y la falta de identificación de un grupo importante de docentes con la línea oficial del centro es más que evidente. En consecuencia, encontramos que la ausencia de procesos activos de socialización de los nuevos miembros se convierte en otra importantísima barrera para lograr una amplia distribución del liderazgo.

Y también para promover un sentimiento de afiliación institucional en el profesorado sin el cual nunca obtendremos su compromiso con los procesos de cambio. En cuanto a los aspectos que han favorecido un liderazgo distribuido, nos parece que la principal tiene que ver con la elección del consenso como herramienta fundamental de la acción directiva. Los líderes de Altagracia y Eurídice parecen decirnos que un proyecto no se desarrolla sólo a base de acciones y decisiones técnicas, sino también a base de relaciones. Que la construcción de la confianza, de la atención a las dificultades y las necesidades de los miembros del equipo, sus sentimientos y sus expectativas también son importantes. Y que no se avanza en lo primero si no se fortalece lo segundo. Por otro lado, el fracaso de las innovaciones en el Diego Velázquez parece reforzar esta conclusión. Allí la trama social de la organización no parecía lo suficientemente fuerte para acoger un proyecto de largo recorrido. Además, el fortalecimiento de esta trama de relaciones es más importante aún debido a la diversidad de partida del profesorado. La concurrencia de diferentes sensibilidades y ethos profesionales, grados de experiencia, de vinculación al centro, etc, hacen necesarias, especialmente en este tipo de organizaciones, las acciones encaminadas a hacer del colectivo docente una verdadera comunidad de prácticas. Así pues, las diferencias entre Altagracia y Eurídice, por un lado, y Diego Velázquez por el otro, aparecen claras cuando se examinan a través del concepto de la confianza. Para Louis et al (2009: 161), la confianza facilita el cambio creando cierta sensación de seguridad que, a su vez, facilita la comunicación y la crítica, el análisis y la asunción de riesgos necesarios para tomar iniciativas. Mientras que en los dos primeros centros la confianza hace su trabajo en el sentido mencionado arriba, en el Diego Velázquez se ha instalado una profunda desconfianza entre los docentes y entre éstos y el equipo directivo. Y ello hace que cualquier acción de una de las partes sea interpretada por la otra como una amenaza ante la que "no se puede" permanecer inmóvil. Otro de los aspectos que garantizaban la distribución del liderazgo, concretamente en Altagracia y Eurídice, era una estructura creada desde abajo para la coordinación de las actividades y el trabajo colaborativo. También en otros casos de nuestra investigación se pudo observar esta compleja arquitectura de grupos de trabajo e instancias de coordinación (Altopiedi y López Jiménez; Altopiedi y Murillo Estepa; Sánchez Moreno y López Yáñez; todo ellos en este mismo monográfico) sobre la que se sostiene la innovación. Lo que se desarrolla dentro de esta estructura es, como afirman Scribner et al (2007) una dinámica conversacional a la que los directores contribuyen "estableciendo claridad de propósitos y un nivel adecuado de autonomía, de tal manera que los equipos se puedan implicar en un trabajo productivo y en la identificación de problemas y de soluciones innovadores". También Spillane y Diamond (2007) ilustran el poder de co-construcción de las conversaciones e interacciones entre los docentes. Otra interesante línea de conclusiones tiene que ver con la necesidad de resituar el fenómeno del liderazgo dentro de un análisis más amplio de la configuración y circulación del poder en la dinámica organizativa. En efecto, las teorías del liderazgo distribuido salen al encuentro de las perspectivas que tratan de comprender el funcionamiento organizativo desde la noción –más amplia desde nuestro punto de vista- de poder. En la medida en que por liderazgo empezamos a entender no ya un fenómeno individual, sino una propiedad sistémica de las organizaciones y en la medida en que entendemos que la influencia no se ejerce sólo desde las posiciones oficialmente investidas de poder, el concepto de liderazgo comienza a resultar insuficiente. Si se trata de un fenómeno sistémico, hemos de comprender las lógicas de acción (Bacharach y Mundell, 1993) enraizadas en cada institución que distinguen los modos legítimos y no legítimos de ejercer esa influencia. En los centros estudiados aparecen configuraciones en las que se entrelaza la lógica ideológica y la profesional. De los tres analizados arriba, la primera es la predominante tanto en Diego Velázquez como en Eurídice, mientras que la segunda predomina en Altagracia. La lógica ideológica reclama adhesión a una filosofía y a unos principios, ligados en los casos de nuestra investigación a la de idea de servicio a unas comunidades desventajadas y la lucha contra la desigualdad por medio de la acción educativa. Por ello no es extraño el predominio de esta lógica en las escuelas situadas en contextos difíciles. Por su parte, la lógica profesional se despliega precisamente en el centro que sirve a la comunidad con mayor nivel de vida de todos los estudiados. Esta lógica reclama responsabilidad e implicación en el desempeño de las tareas en base a una ética de la profesión docente y valora la experiencia y la veteranía. Sin embargo, no es posible realizar una lectura lineal y simplista de los modos de influencia que se encuentran activos en los casos analizados. También hemos visto intervenir a la lógica de la autoridad y la lógica burocrática en el caso de Eurídice, aunque reservadas para las ocasiones en las que las anteriores no alcanzan para garantizar los objetivos. Y desde luego, hemos visto en el caso de Diego Velázquez desplegarse fatalmente la lógica micropolítica, acompañada de los clásicos efectos colaterales que trae consigo: desconfianza y abuso de la retórica ganador-perdedor, lo cual imposibilita la acción concertada a medio y largo plazo. Desde nuestro punto de vista, esas lógicas de acción propias de cada centro marcan de alguna manera un horizonte de posibilidades para el ejercicio del liderazgo. Dicho de otro modo, crean expectativas en los miembros de la organización sobre la legitimidad de ciertas formas de influencia respecto a otras. Sin embargo, en la formación de esas expectativas intervienen otros elementos, lo que hace imposible cualquier atribución causal simplista. En concreto, la lógica ideológica de Eurídice lo ha llevado hacia la configuración más distribuida del liderazgo entre los tres centros analizados, mientras que a Diego Velázquez lo ha encaminado hacia el liderazgo más focalizado de los tres.

En efecto, el liderazgo se distribuye en Altagracia conforme a un patrón cultural (MacBeath, 2009) Esto quiere decir que lo que vemos desplegarse es un liderazgo intuitivo, asumido más que entregado, compartido de manera orgánica, en función de las oportunidades que proporcionan las tareas cotidianas e inserto en la cultura institucional. Por tanto, se expresa en las actividades más que en los roles y no necesita una distribución planeada. Esto es lo que Gronn (2000) menciona como liderazgo que fluye alrededor de la gente, como algo que está presente en el flujo de actividades. Y parece claro que requiere una cultura libre de amenazas para desarrollarse (MacBeath, 2009: 52). Sin embargo, Altagracia llega también a una configuración bastante distribuida del liderazgo, aunque un grado menor que Eurídice. Y lo hace desde una lógica de acción en donde predomina el componente profesional –en cierto sentido meritocrática- frente al ideológico. No obstante, en ambos centros aparece el patrón de hibridación mencionado por Groon (2009), es decir la coexistencia de un liderazgo distribuido –incluso ampliamente distribuido- con un liderazgo focalizado o concentrado. Pensamos que futuras investigaciones deberían explorar de una manera más sistemática la relación entre ambos tipos de configuraciones: las del poder por un lado, y las de distribución del liderazgo por el otro, con el propósito de dar cuenta de las condiciones que hacen posible la sostenibilidad de los procesos de mejora en los centros escolares.

El concepto de liderazgo del profesor

En las investigaciones sobre liderazgo y educación no está tratado explícitamente el tema del liderazgo del profesor, o se lo señala apenas como un asunto destacable, a pesar de que el profesorado es uno de los elementos principales tenidos en cuenta al describir las tareas o funciones del líder. Tampoco en los diseños y las proyecciones del liderazgo instruccional, del distribuido y del pedagógico o para el aprendizaje, se define de forma expresa el liderazgo del profesor, aunque se alude a él indirectamente de dos modos: en la insistencia en que el liderazgo no es solo una virtualidad del director, y en la descripción de las tareas del liderazgo, tanto instruccional como pedagógico o centrado en el aprendizaje, ya que se cuenta para su ejecución con la agencia del profesorado. En una mentalidad de introducir una gobernanza más compartida en las instituciones educativas, la participación de los docentes es un valor importante, ya que, por razones de eficacia, el director no puede llegar a todo únicamente con su trabajo; y por razones de eficiencia, el buen profesor es el experto sobre la enseñanza y el aprendizaje. Vamos a mostrarlo con algunos ejemplos de los estudios de los tipos de liderazgo. 2.1 LIDERAZGO INSTRUCCIONAL

Con el liderazgo instruccional –que surge con esta denominación en la década de 1970, con más vigencia en los 80– se hace hincapié en que los líderes giren su atención desde los aspectos gerenciales a los resultados académicos. Dos décadas después se insiste en que este es el papel del director, cuya gestión debería centrarse en el proceso educativo en la institución, teniendo como primer interés los mejores resultados de los alumnos al compás de las exigencias marcadas por las políticas educativas (MacBeath y Townsend, 2011). En la década de 1990, en paralelo a los postulados del liderazgo compartido, se reformula la concepción del liderazgo instruccional: la idea del director como líder de líderes se extiende, entendiendo con esta proposición que los directivos ejercen un liderazgo colaborativo con otros miembros de la comunidad educativa, entre los que se destaca al profesor. Según esta noción de liderazgo, los profesores y los directivos trabajan y reformulan de manera conjunta las mejoras del currículo, de la enseñanza y de la evaluación. Se considera al profesor como líder, en el aula y fuera de ella, porque influye en la creación de una cultura que promueve el aprendizaje y una organización al servicio del aprendizaje. Los profesores, considerados líderes por su condición de expertos en enseñanza y aprendizaje, desarrollan mediante su trabajo comunidades de aprendizaje, inspirando prácticas de excelencia y participando con compromiso en el impulso de la escuela (Pounder, 2012).

LIDERAZGO DISTRIBUIDO

La modalidad de liderazgo distributivo responde a un contexto en el que confluyen cambios organizativos, la atención a la dinámica de las interacciones sociales, la configuración del trabajo en red, el flujo en horizontal y vertical del conocimiento, la información y la comunicación. El clase de liderazgo se plantea como un paso más adelante del liderazgo compartido o colaborativo, al proponerlo con dos propósitos. Por un lado, se subraya un modo de organización en la que hay más líderes que directivos, posición que puede haberse dado bajo la denominación de liderazgo compartido y que se resalta más en las tentativas del liderazgo distribuido, es decir, se vislumbra como preferente una configuración de interacciones entre líderes, seguidores y situación. Por otro lado, se sostiene el liderazgo distribuido como una estructura conceptual y analítica que se aplica para dilucidar cómo potenciar y obtener toda la riqueza posible de esas interacciones sociales (Harris, 2009). Existen evidencias empíricas de que este tipo de liderazgo repercute en el desarrollo positivo del profesorado y facilita la constitución de comunidades de aprendizaje. El director no puede ser, en la mayoría de los casos, un «superagente» de la instrucción. En los estudios sobre el liderazgo distribuido aparece más definido el papel del profesor, quien —como experto— hace de mentor de otros profesores y puede adoptar decisiones sobre la enseñanza. No obstante, no encontramos una definición clara del liderazgo del profesor en este contexto. Por otra parte, se le reconocen otros roles además del de impartir clases, sin formar parte del equipo directivo.

LIDERAZGO PEDAGÓGICO

El liderazgo pedagógico parece el punto de llegada del liderazgo instruccional. Se plantea como una visión más amplia del desarrollo del aprendizaje, una perspectiva ecológica en la que se incluye a más sujetos que los estudiantes y más asuntos que los resultados del alumnado y de la enseñanza. Se relacionan aprendizaje con organización, profesionalidad y liderazgo (MacBeath y Townsend, 2011). El liderazgo pedagógico –o para el aprendizaje– es una denominación con la que se intenta señalar que los directivos, además de trabajar sobre cómo mejorar los resultados de los alumnos, impulsando el desempeño de todos los miembros del centro educativo, especialmente el de los profesores, se involucran directamente en las tareas necesarias para esta mejora. Por esa razón, requieren un profundo conocimiento del aprendizaje y del contexto (Mulford, 2010). En los estudios del liderazgo pedagógico se diferencia el liderazgo de los directivos del de la comunidad escolar, y se insiste en que los primeros tienen que compartir liderazgo con los docentes (Bolívar, López y Murillo, 2013). Se plantea no dejar la mejora de los procesos de enseñanza y aprendizaje en el trabajo individual de profesores motivados por las mejoras educativas, sino que, más bien, lo eficaz y sostenible a lo largo del tiempo es trabajar en colaboración, compartiendo en la organización educativa unas metas y una comprensión de qué es y cómo se proyecta la educación de calidad. El directivo debe promover una nueva profesionalidad docente que integre el desarrollo de cada profesor y el desarrollo colegiado. El líder, entonces, provee dirección y ejerce influencia para crear las condiciones en las que sea posible trabajar bien la enseñanza y lograr un buen aprendizaje.

Pensamos que en la defensa del liderazgo pedagógico se está hablando de manera implícita de que el docente es también un líder, con el que se cuenta para impulsar las mejoras de las condiciones de la enseñanza y el aprendizaje, y participar de ellas, así como del desarrollo profesional de sus pares.

Desarrollo profesional del profesor y liderazgo

En algunos modelos de desarrollo profesional del profesorado podemos apreciar indicaciones de lo que puede constituir el liderazgo del profesor. Empeñarse en la enseñanza y el aprendizaje es el elemento que enfoca el rol de los profesores como líderes que trabajan con otros, como miembros vitales de la comunidad para situar a la escuela en el mejor lugar (MacBeath, 2012). Las características que se describen como rasgos de un desarrollo profesional coinciden en gran parte con las que se dicen de un líder escolar, aunque aplicadas a unas tareas diversas: • Manejar conocimientos sobre equidad, inclusión y diversidad de la enseñanza. • Contribuir al desarrollo profesional de los colegas mediante procesos de coaching y mentoring. • Demostrar una práctica efectiva. • Hacer feedback. • Tomar un rol de liderazgo en el desarrollo, la implementación y la evaluación de políticas y prácticas que contribuyan al impulso de la escuela. • Poseer competencias analíticas, interpersonales y organizativas necesarias para trabajar efectivamente con los equipos de trabajo de la escuela y en el contexto próximo. Se considera este liderazgo no solo como el acoger, por delegación del director, una serie de funciones, o participar en el equipo directivo, sino más bien como una cuestión específica de la agencia del profesor. Cuando los profesores, con su aportación, influyen más allá de las clases a colegas, padres y otros agentes educativos, ejercen su liderazgo. Advertimos dos modos de comprender el liderazgo del profesor: liderazgo en el aula y liderazgo en el contexto educativo. No son dos perspectivas incompatibles, ya que podrían verse el aula y el contexto como dos caras de la misma moneda –el liderazgo del profesor–, aunque también hemos comprobado en la bibliografía revisada que se puede incidir más en un aspecto que en el otro. El líder es aquel que guía a un grupo o colectividad para conseguir unas metas. «De acuerdo con la definición de liderazgo aplicada al profesor en el aula, se trata de un proceso particular de influencia social guiado por un propósito moral con el fin de lograr los objetivos educativos utilizando los recursos del aula» (Gil y otros, 2013, p. 99). Ese proceso de influencia del profesor líder en el aula, al que podríamos denominar de manera específica liderazgo docente, discurre en el sentido de crear unas condiciones en el grupo de alumnos que favorezcan el aprendizaje; el profesor es, así, líder del aprendizaje en su aula. Se podría entender como líder si vemos el aula como una comunidad de aprendizaje en la que se están incorporando nuevas prácticas educativas; este profesor líder tiene un efecto sumativo al liderazgo individual de los profesores en sus aulas, contribuyendo a los cambios que se pretendan acometer en una institución educativa. Una delimitación más ajustada al significado específico del liderazgo del profesor es la que lo describe como el proceso por el cual los profesores, individual o colectivamente, influyen en sus colegas, en los directores y en otros miembros de la comunidad escolar para impulsar las prácticas de enseñanza y de aprendizaje con la meta de aumentar el logro y el aprendizaje de los estudiantes. Tal trabajo de liderazgo se desarrolla intencionalmente en tres focos: el individual, el de colaboración o desarrollo en equipo, y el de desarrollo organizativo (York-Barr y Duke, 2004). Con otras palabras, y fijándose más en las prácticas del profesorado, Harris y Muijs (2004) consideran que, para ejercitar el liderazgo, los profesores tendrían que adoptar decisiones, colaborar y participar activamente en el proceso de impulsar el aprendizaje. Este liderazgo del profesorado se refiere esencialmente al ejercicio del profesor, con independencia de la posición que ocupe en la estructura organizativa, asumiendo modos formales o informales. Se reconoce que la acción personal del docente, ejerciendo función directiva o sin hacerlo, puede transformar en positivo las dinámicas de trabajo y educativas de un centro. Se trata de profesores que actúan como facilitadores de las carreras profesionales de otros docentes y se responsabilizan de proyectos curriculares particulares, desarrollan nuevas experiencias y oportunidades de aprendizaje, orientan y evalúan investigando sobre la realidad (McMahon, 2011). Esto no suple o ignora el liderazgo directivo, sino que, al contrario, lo complementa; pues la función del director debe contribuir a crear condiciones y capacidad para que cada uno de los profesores llegue a ser líder. En la medida que a su alrededor se encuentran personas dispuestas a asumir responsabilidades –esto es, a ejercer «microliderazgos»– que orienten, motiven e induzcan cambios en torno a proyectos e innovaciones, el director podrá cumplir con su misión.

Focos de interés sobre el liderazgo del profesor

Al analizar la situación del profesor para ser líder (Frost y Harris, 2003; Robinson, 2010), observamos tres aspectos que aparecen en la bibliografía de manera redundante: 1. La concepción de la enseñanza que tiene el profesor. 2. Su competencia emocional. 3. Su percepción acerca del clima socioemocional del centro educativo. Al hilo de estas tres cuestiones revisamos la investigación actual en torno al liderazgo docente, centrando el interés en aquellos aspectos que pueden contribuir a promover el liderazgo del profesor más allá del aula. Por un lado, la concepción de la enseñanza que tiene el profesor es importante en el estudio del liderazgo docente y está estrechamente asociada con sus cualidades morales y en sus valores. Darling-Hammond y Baratz-Snowden (2005) concluyen en que existen prácticas comunes en los profesores líderes efectivos, que se construyen sobre tres tipos de conocimiento: el referido a cómo aprenden los alumnos, el de las materias según los propósitos sociales de la educación y el de cómo se produce la enseñanza. Los profesores acentúan su liderazgo cuando incrementan su conocimiento práctico estableciendo sinergias entre su saber y su hacer. En este sentido, se presta atención a cómo el profesor construye su teoría personal de la acción educativa y cómo esta tiene su influencia en aquellas competencias relacionadas con el profesionalismo y, en consecuencia, con el liderazgo del profesor: • Saber valorar las implicaciones y las consecuencias sociales de su trabajo. • Poseer un conocimiento de sus responsabilidades legales y administrativas. • Ser hábil en valorar su propio progreso profesional mediante la utilización de estrategias de indagación y reflexión de su propia práctica. • Desarrollar una mentalidad abierta para poder abarcar distintas perspectivas o conocer formas de investigación en el aula. Por otro lado, otro parámetro importante en el estudio del liderazgo del profesor es la competencia emocional (Day, 2012; Hargreaves, 2002; Zembylas y Schutz, 2009). En esta línea, las propuestas de desarrollo profesional en torno a las emociones del profesor se basan en el desarrollo de habilidades específicas para su bienestar y supervivencia en el aula, y tienden a responder únicamente a un enfoque remedial —con cierta connotación terapéutica— basado en el déficit profesional del docente. De este modo se asume que para los profesores aprender a mantener los estados emocionales positivos y a reducir el impacto de los negativos redunda en un mayor bienestar docente y, en consecuencia, en el mejor ajuste de sus alumnos. Sobre este marco expuesto podemos afirmar que el liderazgo del profesor es producto de un querer hacer las cosas bien, actuando por convicción propia. Por tanto, el elemento emocional tiene un papel relevante como favorecedor de la actitud del líder. A ello se suma la entrega al trabajo a través de la oportunidad de participación en las diferentes tareas, proyectos o actividades, como reflejo de dicho compromiso docente, y también por el logro de fines conjuntos en la comunidad educativa (Tichy, 2003). En esta línea, Leithwood y otros (2006) ponen de manifiesto la necesidad de más estudios que tengan en cuenta el contexto particular no solo del aula, sino también del centro educativo. Son pocas las evidencias que asocian las características del profesor con el éxito del liderazgo en los centros educativos. De manera que, finalmente, en consonancia con lo expuesto, también se hace preciso conocer cómo el profesor percibe las dinámicas grupales y ambientales del centro, en la medida en que, además de participar en ellas a través de experiencias de desarrollo profesional, estas pueden contribuir al éxito o al fracaso en el ejercicio de su liderazgo y su sentido de pertenencia y eficacia. Los profesores líderes son fuente continua de aprendizaje de sus compañeros: tienen una visión compartida de la educación y colaboran con sus pares compartiendo las prácticas y los materiales específicos para mejorar la educación. Son maestros persistentes, resilientes, abiertos, respetuosos, confiables, honestos y solidarios, valores estos que vivencian en sus relaciones de manera que influyen en la sensación de seguridad y la apertura a la colaboración en las culturas de sus escuelas y en las condiciones de aprendizaje de sus alumnos y profesores (Beatty, 2011). El liderazgo supone dedicar tiempo a cuidar el grupo como tal, reflexionar y debatir sobre los valores que constituyen el proyecto educativo de centro en su concreción en la práctica, y compartir su revisión. El liderazgo de quien ejerce funciones directivas produce mejores efectos cuando existe en el centro un clima de confianza activa en el que los diferentes miembros sienten que forman parte de una comunidad, no solo el profesorado y el personal que trabaja en él, sino también los propios alumnos y sus familias.

El profesor afronta en las escuelas nuevos contextos cognitivos y emocionales. Su figura es clave en el aula, pero también lo es en el contexto profesional más inmediato. Surge por tanto una pregunta: ¿cómo hacer desde la escuela para favorecer el liderazgo de los profesores? Algunos autores (Day y otros, 2009; Troman y Woods, 2009; Stone-Johnson, 2009) insisten en que los esfuerzos para apoyar y mejorar la calidad del profesorado deberían centrarse en la construcción, el mantenimiento y la retención de su compromiso. Además, las estrategias para mantener el compromiso deberían tener en cuenta las diferencias en las necesidades de los profesores según las diferentes fases de su vida profesional. Se ha demostrado (Palmer, 2007) que las inquietudes profesionales están relacionadas con el tiempo de servicio en la docencia y no con la edad cronológica. Los docentes comparten inquietudes y necesidades profesionales similares si están en la misma fase de la vida laboral, aunque sus experiencias personales estén más próximas a otros compañeros de su misma edad que se encuentran en otras fases. Comenzaría a descender entre los 8 y los 15 años de experiencia laboral, una etapa más asociada a la pérdida de motivación y el aumento de tensiones. Es en este momento en el que habría que ofrecer al profesor nuevas posibilidades para crecer personal y profesionalmente en el contexto de trabajo, asumiendo su liderazgo. No obstante, quizá no todos los profesores puedan llegar a desarrollar su liderazgo. Existe cierto consenso en los conocimientos y las habilidades necesarias que hacen a un docente líder efectivo; sin embargo, como ya se ha explicado, ello no solo implica ser competente en actuaciones que conducen a la enseñanza y al aprendizaje efectivo en las aulas, sino también ser un líder que pueda mejorar la educación desde su entorno más inmediato y promover el cambio social. Por ello, desde la investigación se demanda un mayor cuerpo de conocimientos para saber identificar las disposiciones del docente líder (Melton, Mallory y Green, 2010) y más instrumentos para observarlas y evaluarlas (Pounder, 2012); y, en consecuencia, poder apoyarlas y promoverlas mejor en la formación inicial y continua del profesorado. De hecho, desde una perspectiva pedagógica, cabe considerar el liderazgo del profesor desde el punto de vista de su formación. Creemos que el liderazgo del profesor puede desarrollarse desde la formación inicial, e incluso pueden lograrse diferentes grados de consecución y expresión en la formación continua de docentes noveles y expertos.

Se asocia entonces el liderazgo a una línea de investigación sobre el desarrollo profesional docente y, específicamente, a los planes de formación inicial y programas de formación continua. Se abre paso una línea de desarrollo docente más vinculada al aprendizaje informal en el propio centro educativo, que permita al profesor conectar el conocimiento necesario con las experiencias individuales y las prácticas colectivas, es decir, contextualizar el conocimiento que necesita en la práctica generando una reflexión compartida y significativa. Darling-Hammond y otros (2009) indican los ejemplos de aquellos países que incorporan en su modelo la colaboración de los profesores con otros dentro de la jornada de trabajo. Este enfoque holístico en el desarrollo profesional contempla y facilita el intercambio de conocimientos entre los docentes, la ayuda de profesores expertos a profesores noveles para desarrollar habilidades de liderazgo y el compartir buenas prácticas a través de estrategias como la observación de colegas, la investigación-acción o los grupos de estudios. Dicho enfoque promueve además que, más allá de los conocimientos y, habilidades, el profesor pueda ejercer los valores, las cualidades y los compromisos de su actividad con entusiasmo y pasión. También se insiste (Álvarez, 2010; Ayalon, 2011; Creemers, Kyriakides y Antoniou, 2013) en la necesidad de construir confianza relacional en los centros educativos y redes profesionales de trabajo que estén vinculadas, como matizan Groundwater-Smith y Mockler (2009), a principios que garanticen el compromiso moral, el liderazgo distribuido, la práctica basada en la investigación-acción y el uso de un modelo de aprendizaje compartido. El liderazgo escolar en todas sus modalidades muestra la necesidad de promover unas adecuadas relaciones interpersonales, y se insiste en que los líderes deberían relacionarse positivamente con el profesorado: conocerlo, apoyarlo, estar en su realidad (Muldorf, 2010), criterios que son destacados con mayor intensidad cuando se plantea un liderazgo distribuido (Day y otros, 2010). El conocimiento del profesorado se concreta en saber cómo son capaces de ser autores de buenas prácticas, la motivación con la que trabajan, por qué y cómo colaboran, cómo detectan las necesidades de sus alumnos, cómo reaccionan ante los cambios (Beatty, 2011). Podríamos proyectarlo al profesor como líder docente, hacerle reflexivo respecto a estos temas de los que tiene experiencia propia pero pensando también en la experiencia de sus pares.

El impulso del liderazgo del profesor constituiría una de las metas principales de la gestión en centros educativos si se aspira al liderazgo pedagógico. Centrarnos en el liderazgo del profesor nos facilitaría encontrar más evidencias de la relación entre el liderazgo pedagógico y los resultados escolares; al fin y al cabo, lo que sí se ha podido valorar mejor es la relación entre docencia y aprendizaje. La literatura que hemos revisado muestra que es importante abordar el tema teniendo en cuenta los contextos culturales y sociales concretos, ya que, por ejemplo, no es lo mismo la educación en el ámbito anglosajón que en el entorno iberoamericano. Las actuales presentaciones de un liderazgo distribuido –un modo de ver la dirección y organización de las instituciones educativas– y de un liderazgo para el aprendizaje –un modo de comprender qué orientación seguir para promover los cambios educativos– prestan más atención al liderazgo del profesor. La pista fundamental para entrever este interés en prácticamente todos los estudios que hemos revisado es encomendar a los gestores escolares la urgente tarea de promover el profesionalismo docente. El desarrollo profesional de un docente supondría dos líneas de actividad: trabajo en el aula y trabajo como líder, mientras que los aspectos en los que debiera formarse son: conocimientos disciplinares y su correspondiente didáctica, conocimiento pedagógico, conocimiento de las relaciones con los demás agentes educativos, así como del contexto y la actualización de la identidad profesional –misión, sentido de la enseñanza, cultura educativa, sentido de la comunidad y la organización educativas–. Desde esta perspectiva se ha revisado la investigación en torno al liderazgo del profesor, centrando el interés en aquellos aspectos que pueden ayudar al profesor a ser líder más allá del aula. La perspectiva personal que guía la acción del profesor requiere la identificación de una relación clara de los valores, propósitos y compromisos que concede a su profesión, cómo interpreta las expectativas sociales y las exigencias de la actividad docente. El estudio de la dimensión emocional del liderazgo del profesor puede contribuir a pensar en soluciones que, desde el contexto más cercano, fomenten su motivación, su actitud de confianza y apoyo, sus capacidades para promover la iniciativa y apertura a nuevas ideas y prácticas, su compromiso.

Una de las cuestiones que se ha puesto de manifiesto es cómo la dimensión personal y profesional en el docente está mediada por las condiciones de enseñanza y la cultura del centro educativo. Los cambios contextuales y sociales pueden tener implicaciones en la docencia. Ante la necesidad de un contexto profesional donde se experimente aceptación, valoración, respeto, colaboración, disfrute y compromiso compartido, se precisan cambios en los procesos estructurales que apoyan el desarrollo profesional docente y la innovación. Habría que prestar atención a: • La formación tanto informal como formal, teniendo en cuenta las diferentes fases de la vida profesional. • La satisfacción personal en el trabajo motivada por unas expectativas informadas y realistas. • Las experiencias de éxito que se obtienen a partir de objetivos alcanzables y evaluados positivamente. • Los espacios de relación que garantizan el sentimiento de pertenencia a la organización y el compromiso. • La promoción para la motivación de los integrantes de la institución educativa que implica ejercer responsabilidades junto al reconocimiento de los éxitos personales y colectivos.

Bibliografía

Barber, M. y Mourshed, M. (2007). *Cómo hicieron los sistemas educativos con mejor desempeño para alcanzar sus objetivos.* [_]

Bolam, R., McMahon, A., Stoll, L., Thomas, S. y Wallace, M. (2005). *Creating and sustaining effective professional learning communities.* Bristol: University of Bristol y Departament of Education and Skills. [_]

Bolívar, A. (2000). *Los centros educativos como organizaciones que aprenden.* Madrid: La Muralla. [_]

Bolívar, A. (2006). A liderança educational e a direcção escolar em Espanha: Entre a necessidade e a (im)posibilidade. *Administração Educacional*, 6, 76-93. [ ]

Bolívar, A. (2009). La autonomía en la gestión como nuevo modo de regulación. *Espacios en Blanco*, 19, 35-68. [_]

Bolívar, A. (2010). *La autonomía de los centros educativos en México.* [_]

Bolívar, A. y Moreno, J.M. (2006). Between transaction and transformation: The role of school principals as education leaders in Spain. *Journal of Educational Change*, 7(1-2), 19-31. [_]

Carbone, R. (2008). *Situación de liderazgo educativo en Chile.* Santiago: Ministerio de Educación, Universidad Alberto Hurtado. [_]

Darling-Hammond, L. (2001). *El derecho de aprender. Crear buenas escuelas para todos.* Barcelona: Ariel. [_]

Day, C, Sammons, P., Hopkins, D. et al. (2009). *Impact of school leadership on pupil outcomes. Final report*. University of Nottingham y The National College for School Leadership. [_]

Elmore, R.E. (2000). *Building a new structure for school leadership*. Washington, DC: Albert Shanker Institute. [ ]

Elmore, R.F. (2005). Accountable leadership. *The Educational Forum*, 69(2), 134-142. [_]

Elmore, R.F. (2008). *Leadership as the practice of improvement*. En Pont, B., D. Nusche y D. Hopkins (Eds.), *Improving school leadership* (pp. 37-68). Paris: OCDE. [ ]

Escudero, J. M (2009). Comunidades docentes de aprendizaje, formación del profesorado y mejora de la educación. *Ágora para la Educación Física y el Deporte*, 10, 7-31. [_]

Eurydice (2008). *La autonomía escolar en Europa. Políticas y medidas*. Madrid: MEC, Centro de Investigación y Documentación Educativa. [_]

Fullan, M. (1998). Breaking the bonds of dependency. *Educational Leadership*, 55(7), 6-10. [_]

Garay, P. (2008). *Modelo de liderazgo para una dirección efectiva*. En O. Maureira (Ed.), *Perspectivas de gestión para la innovación y el cambio educativo*. Santiago: Ediciones Universidad Católica Silva Henríquez, 135-184. [_]

Garay, S. y Uribe, M. (2006). Dirección escolar como factor de eficacia y cambio: Situación de la dirección escolar en Chile. *Revista Electrónica Iberoamericana sobre Calidad, Eficacia y Cambio en Educación*, 4(4), 39-64. [_]

Hallinger, P. y Heck, R. H. (1998). Exploring the principal contribution to school effectiveness: 1980-1995. *School Effectiveness and School Improvement*, 9(2), 157-191. [ ]

Hargreaves, A. y Fink, D. (2008). *El liderazgo sostenible*. Madrid: Morata. [_]

Harris, A. (2004). *Improving schools through teacher leadership*. Londres: Open University Press. [_]

Harris, A. (2008). *Distributed leadership in schools: Developing the leaders of tomorrow*. Londres: Routledge y Falmer Press. [_]

Kruse, S. D. y Louis, K. S. (2008). *Strong cultures: A principal's guide to change*. Thousand Oaks, CA: Corwin. [_]

Leithwood, K. (1994). Liderazgo para la reestructuración de las escuelas. *Revista de Educación*, 304, 31-60. [_]

Leithwood, K. (2009). *¿Cómo liderar nuestras escuelas? Aportes desde la investigación*. Santiago de Chile: Fundación Chile. [_]

Leithwood, K., Jantzi, D. y Steinbach, R. (1999). *Changing leadership for changing times*. Buckingham/Philadelphia: Open University Press. [_]

Leithwood, K. y Jantzi, D. (2008). Linking leadership to student learning: the contribution of leader efficacy.*Educational Administration Quarterly*, 44 (4), 496-528.   [_]

Leithwood, K., Louis. K.S., Anderson, S. y Wahlstrom, K. (2004). *How leadership influences student learning. Minneapolis: Center for Applied Research and Educational Improvement.* Toronto: Ontario Institute for Studies in Education. Disponible en: http://www.wallacefoundation.org   [_]

Leithwood, K.; Day, C.; Sammons, O.; Harris, A. y Hopkins, D. (2006). *Successful school leadership: What it is and how it influences pupil learning.*   [_]

Lieberman, A. y Miller, L. (2004). *Teacher leadership*. San Francisco: Jossey-Bass.   [_]

Macbeath, J. y Nempster, N. (Eds.) (2009). *Connecting leadership and learning. Principles for practice.* Londres: Routledge.   [_]

MacBeath, J., Swaffield, S. y Frost, D. (2009). Principled narrative. *International Journal of Leadership in Education*, 12(3), 223-237.   [_]

Marzano, R. J., Waters, T., y McNulty, B. A. (2005). S*chool leadership that works: From research to results*. Alexandria, VA: Association for Supervision and Curriculum Development.   [_]

Maureira, O. (2006). Dirección y Eficacia Escolar, una Relación Fundamental. *Revista Electrónica Iberoamericana* sobre Calidad, Eficacia y Cambio en Educación, 4(4), 1-10.

MINEDUC (2007). *School Leadership in Spain*. OECD Country Background Report. Bruselas: OECD.

Ministerio de Educación, Unidad de Gestión y Mejoramiento Educativo. (2007). *Improving school leadership. OECD Country Background Report for Chile*. Bruselas: OECD.

OCDE (2009). *Creating Effective Teaching and Learning Environments: First Results from TALIS*.

Pont, B., D. Nusche y Moorman, H. (2008). *Improving school leadership*. Paris, OCDE.

Printy, S. (2010). Principal's influence on instructional quality: insights from US schools. *School Leadership and Management*, 30(2), 111-126.

Robinson, V. M. J. (2007). *School leadership and student outcomes: Identifying what works and why*. Australia: Australian Council for Educational Leaders.

Robinson, V., Hohepa, M. y Lloyd, C. (2009). *School leadership and student outcomes: Identifying what works and why: Best evidence synthesis iteration (BES)*. New Zealand: Ministry of Education.

Stoll, L. y Temperley, J. (2009). *Mejorar el liderazgo escolar: Herramientas de trabajo*.

Stoll, L. y Louis, K.S. (2007). *Professional learning communities. Divergence, depth, and dilemmas*. Maidenhead: Open University Press.

Swaffield, S. y MacBeath, J. (2009, mayo). Researching leadership for learning across international and methodological boundaries. Ponencia presentada en el congreso de la American Educational Research Association, Denver, CO.   [_]

Uribe, M. (2007). Liderazgo y competencias directivas para la Eficacia Escolar: Experiencia del Modelo de Gestión Escolar de Fundación Chile. *Revista Electrónica Iberoamericana sobre Calidad, Eficacia y Cambio en Educación*, 5(5e), 149-156.   [_]

Viñao. A. (2005). *La dirección escolar: un análisis genealógico-cultural.* En M. Fernández Enguita y M. Gutiérrez Sastre (Orgs.), *Organización escolar, profesión docente y entorno comunitario* 835-81). Madrid: Akal.   [ ]

Volante, P. (2008). *Influencia del liderazgo instruccional en resultados de aprendizaje.* En O. Maureira, (Ed.), *Perspectivas de gestión para la innovación y el cambio educativo* (185-214). Santiago: Ediciones Universidad Católica Silva Henríquez.   [_]

Waters, T.; Marzano, R.J. y McNulty, B. (2003). *What 30 years of research tell us about the effect of leadership on student achievement.* Colorado: McREL.   [_]

Weinstein, J. (2009). Liderazgo directivo, asignatura pendiente de la Reforma Educacional Chilena, *Revista Estudios Sociales*, 117, 123-148   [_]

Weinstein, J. y Muñoz, G. (2009). *La Reforma Educacional en el punto de quiebre*. En C. Bascuñan, (Ed.), *Más acá de los sueños, más allá de lo posible. La Concertación en Chile* (299-341). Santiago: LOM.   [_]

Weinstein, J. *et al.* (2009). Prácticas de liderazgo directivo y resultados de aprendizaje. Hacia conceptos capaces de guiar la investigación empírica. *Revista Iberoamericana sobre Calidad, Eficacia y Cambio en Educación*, 7(3), 20-33.   [ ]

www.ingramcontent.com/pod-product-compliance
Lightning Source LLC
Chambersburg PA
CBHW032042040426

42449CB00007B/983